# Los Ángeles NUNCA MIENTEN

# Los Ángeles NUNCA MIENTEN

Milagros cotidianos, encuentros angelicales
y vidas transformadas por el amor

**Gerald A. Van Slyke**

Traducido por: Ivonne Saíd Marínez

Grupo Editorial Tomo, S.A. de C.V.,
Nicolás San Juan 1043,
03100, México, D.F.

1a. edición, julio 2012.



© 2012, Grupo Editorial Tomo, S.A. de C.V.
Nicolás San Juan 1043, Col. Del Valle
03100 México, D.F.
Tels. 5575-6615, 5575-8701 y 5575-0186
Fax. 5575-6695
http://www.grupotomo.com.mx
ISBN-13: 978-607-415-390-3
Miembro de la Cámara Nacional
de la Industria Editorial No 2961

Traducción: Ivonne Saíd Marínez
Formación tipográfica: Armando Hernández
Diseño de portada: Karla Silva
Supervisor de producción: Leonardo Figueroa



Impreso en México - *Printed in Mexico*

# Contenido

# Historias

Para aquellas almas valientes que no tienen miedo a decir
la verdad de sus encuentros con los ángeles, el Espíritu,
y el amor de los seres queridos que han fallecido.

Para Gregory Van Slyke, Rachael,
John Peters, Susan y Ariel.

Y a Miles y Marlie:
Esto es para ustedes dos, donde quiera
que estén y sin importar lo que
estén haciendo. Ya lo hicieron bien.

# Agradecimientos

Le estoy especialmente agradecido a Pamela, la madre de nuestros tres hijos, por creer en mí, por su ánimo y constante estímulo para mantenerme enfocado en este proyecto hasta el final.

Mi agradecimiento también a todos aquellos relacionados con la formación de este libro, por su ardua labor en la unión de las páginas con los forros y por la paciencia que tuvieron conmigo para hacer el trabajo.

Doy las gracias a las personas que entraron en mi vida a lo largo del camino y quienes, sin saberlo, me dieron luz y aliento durante el desarrollo de esta obra: Dannion Brinkley, Doreen Virtue, Nich Bunick, Julia Ingram, y a los fundadores de la Producción Mishka, Ariel Wolfe y Liz Dawn.

Un agradecimiento especial para William Chiles (también conocido como Pila de Hawái), por su amistad mientras escribía el libro, por su crítica constructiva, su disposición, profesionalismo y los chistes que me ayudaron a mantenerme en tierra firme y seguir el rumbo. Semper Fidelis y bienvenido a casa. *Mahalo nui lao* y *aloha*, mi amigo. *Cock-a-doo-del-doo.*

A todos los que nunca dudaron de mí (ustedes saben quienes son), gracias. Para Alicia, Curtis y Bradley, mis hijos, un regalo del uno y todo: nunca dejas de darme alegría, sonrisas incontables, y amor incondicional. Mi amor para ti, dos veces.

Agradezco espiritual y profundamente el apoyo de los ángeles, quienes me guiaron y me inspiraron a cada paso del camino en el desarrollo de este libro. Yo no lo pude haber hecho sin ellos. Antes de escribir una carta en una página o incluso antes de tocar el teclado, pedí la intervención divina. La meditación y la oración siempre fueron lo primero, escribir fue lo segundo. Empezaba con una idea, que luego no sabía ni donde la dejaba. Cuando pedí orientación me la dieron, por eso estoy eternamente agradecido.

A Pixie, el perro de Brittany que llegó a mi vida, gracias por obligarme a salir a caminar para observar la preciosa tierra de los elementales, mientras yo entraba en este fascinante y emocionante momento de mi vida.

Un agradecimiento especial a Patricia Spadaro, que editó y ayudó a dar forma a la versión final de este libro, permitiendo que mi voz sea escuchada y mis palabras leídas. Gracias, Patricia. También le estoy agradecido a Nigel Yorwerth, mi consultor editorial y agente, por mantener mis pies en tierra firme; eres un caballero de brillante armadura, luchando para proteger el Santo Grial. Gracias a ambos por creer en mí y en este proyecto.

Por último, quiero expresar mi agradecimiento al Hospicio de Arizona. Fue a través de esta institución que yo fui capaz de perforar el velo y ver un poco la otra parte. A los que trabajan en los asilos de todas partes, su trabajo es inspirador, no sólo para los que viven en ellos y sus familias, sino también para los que están vinculados directa o indirectamente con ustedes.

## Capítulo 1

# Un perfecto desconocido

"Escuché que tú hablas con los ángeles".

Un día Mary Lynne, mientras caminaba por la avenida, durante un festival de arte, encontró mi tienda en su camino, "Alas de Ángel". Ella estaba buscando la respuesta a una pregunta que se había hecho desde hace mucho tiempo.

—Una mujer de afuera me dijo que tú me podrías ayudar, —dijo ella, mirándome fijamente con sus ojos azul profundo.

Esperé hasta que me empezó a contar su historia. Me confió que cuando era tan sólo una niña pequeña, su papá se suicidó, y que poco después ella empezó a ver un ángel en su recámara. —La primera vez que vi un ángel, yo tenía cinco años", —me dijo Mary Lynne con voz firme y segura—. No daba vueltas, aunque yo podía escuchar el aleteo de sus alas, y tampoco se quedaba parado al pie de mi cama, sino que se quedaba hasta arriba de la puerta de mi recámara. Yo sabía que era un ángel, pero quiero saber qué clase de ángel era, —insistió, levantando sus cejas.

Al escucharla supe de inmediato que se trataba de un ángel de protección. Tú estabas al cuidado del ángel, —le dije—. El ángel estaba trabajando mano a mano con tu ángel de la guarda, pero éste tenía un trabajo específico en tu vida en ese momento —ella me seguía escuchando con atención.

—Este ángel estaba ahí para aliviar el dolor en tu corazón, para arreglar el espíritu roto de una pequeña niña con miedo, que no tenía a nadie que la guiara, que la sostuviera o que le diera fuerza, —proseguí, al tiempo que Mary Lynne movió la cabeza y se quedó mirando el piso.

—El ángel de la protección te ayudó a sentirte segura en tu recámara, alejada de la locura que se vivía en el resto de la casa, de todos los pleitos, gritos, violencia que estaban sucediendo cuando eras una niña pequeña. El ángel te ayudaba a dormir en esas noches de tanto miedo.

Las lágrimas salieron de sus ojos, y rápidamente se las limpió. —Fueron espantosas todas esas peleas. Yo siempre pensé que el propósito del ángel era protegerme. Todavía llego a escuchar el aleteo de sus alas de vez en cuando. Supongo que es sólo para recordarme que aún está conmigo. —Mary Lynne salió de la tienda, se fue entre la multitud y nunca la volví a ver.

Algunas veces las personas que visitan mi tienda y platican conmigo vienen buscando respuestas, pero la mayoría del tiempo sólo quieren compartir sus experiencias. De algún modo ellos sienten que yo los voy a escuchar sin juzgarlos.

Darby, por ejemplo, una mujer alta y delgada, caminó hacia el mostrador donde estaba trabajando y se sentó en la banca que estaba frente a mí. Yo le llamo nuestra banca espiritual porque es en ella donde muchos clientes se sientan y comparten sus historias de ángeles conmigo. Darby empezó la plática como probándome para ver qué tanto creo en los ángeles. Después de presentarse, se quitó sus anteojos de sol color blanco y se acomodó la visera encima de la cabeza. Entonces me dijo la verdadera razón por la cual se había acercado a mí.

—Mira, tengo tres nietas que viven en Bali, y todas ellas creen que tienen un ángel guardián.

—¿Sí? —le dije, sabía que Darby tenía más que decirme sobre el tema.

—Bueno lo raro en todo esto es que mi hija y su esposo no creen en nada. ¿No encuentras eso un poco extraño?

—No, realmente, —contesté—. Los niños vienen de un mundo espiritual, que nosotros llamamos cielo, y algunos de ellos aún recuerdan como es.

—Bueno, estas niñas hablan con sus ángeles guardianes todo el tiempo y sus papás se quedan ¡pálidos! De hecho, yo acabo de visitarlos y la niña de tres años me habló sobre su ángel.

—¿Y?, —le pregunté.

—Ella me dijo que tiene un ángel guardián y me señaló la esquina del techo de su recámara. Luego me susurró, "Ahí es donde mi ángel me ve cuando estoy durmiendo, abuela".

Con una expresión de curiosidad, Darby me miró directamente a los ojos y me preguntó, —Ahora bien, ¿cómo es posible que ellas sepan de todas esas cosas, cuando nunca han escuchado hablar de ángeles, menos de ángeles guardianes, y sin que sus papás les hayan hablado acerca de ellos y sin que estas niñas se hayan sentado en una iglesia?

Sin esperar una respuesta, Darby de un brinco recogió sus lentes, ajustó su visera, y se fue tan rápido como entró.

Pasa así todo el tiempo. La gente se sienta en esa banca y me mira a los ojos, esperando por lo menos desahogarse de esos encuentros secretos que llevan guardando por tanto tiempo. "Bueno, tú eres un desconocido, así que puedo contarte qué pasó", dicen ellos. Temen contarle a un amigo o un familiar por miedo a ser criticados, entonces por semanas, meses, años y hasta décadas, permanecen en silencio.

Pero de algún modo, ellos saben que aquí están a salvo. Me cuentan de sus experiencias cercanas a la muerte y que han visto en sueños cosas antes de que pasen. Me dicen que ven a los ángeles colocar sus manos sobre la cabeza de sus seres queridos enfermos cuando rezan en las salas del hospital. Me cuentan de haber estado en serios accidentes automovilísticos y haber tenido ángeles que los han llevado lejos de los restos del auto, completamente ilesos.

Las personas que vienen a "Alas de Ángel" sienten que pueden confiar en mí. Saben que aunque soy un perfecto desconocido para ellos, no soy extraño a los encuentros o caminos que los trajeron aquí. Pueden constatar que no son los únicos que han tenido encuentros con ángeles, o que han visto en sueños cosas que van a pasar. Yo he tenido también esas experiencias. Y si me pudieron pasar a mí, le pueden pasar a cualquiera, porque soy un candidato común, tan común como las personas que vienen a verme. Yo sólo era un típico hombre casado con hijos, que amaba las temporadas de hockey, que me subía a los postes de teléfono para ganarme la vida, que llegaba a casa del trabajo, tomaba una bebida para adultos y trabajaba en el patio o hacía crucigramas.

Todos tenemos ciertos momentos en nuestras vidas donde sentimos que tocan a nuestra puerta, que nos espabilan, y los ángeles están involucrados en esos despertares mucho más de lo que pensamos. En mi caso, me enfrenté a una serie de golpes. No todos ellos fueron muy agradables, pero eso sí, todos fueron orquestados por ángeles, de eso estoy seguro. Siempre tratan de hacer lo mejor, de corazón, aun cuando pensaba que no podría ser el caso; además he aprendido que se puede confiar en los ángeles porque son honestos, nunca mienten.

El primer golpe que sufrí se inició con una enorme decepción que todavía me duele cuando la recuerdo. Mi hijo mayor se estaba graduando de un Instituto que era de puros hombres, similar a una preparatoria, llamada Seminario Católico para Religiosos. Los chicos se quedaban ahí durante la semana y la mayoría de los fines de semana iban a casa. Al principio la mayoría de los maestros eran sacerdotes, pero debido a la disminución del número de religiosos, algunos profesores laicos daban clases.

El salón de mi hijo, resultó ser el último que se graduó del seminario porque el nuevo obispo cerró la escuela y nunca la volvió a abrir. ¿Por qué? Es la pregunta del millón de dólares que no ha sido contestada en todos estos años y probablemente nunca lo será. Bueno, entonces, era una escuela religiosa, y las escuelas religiosas no solían contestar preguntas de nadie.

Los que teníamos contacto con la escuela, principalmente los padres más involucrados, nos dimos cuenta de que el nuevo obispo tenía la intención de cerrarla. Podíamos sentirlo y olerlo, lo que no sabíamos era cuándo iba a suceder. De tal suerte que sólo tres semanas antes del término del ciclo escolar, el obispo anunció el cierre de la escuela en varios medios publicitarios, antes de decirle a cualquier persona relacionada con la escuela, incluyendo a los estudiantes. La noticia les llegó tarde también a los maestros y a otros empleados como para que encontraran nuevos trabajos, ya que el siguiente ciclo escolar empezaría en menos de tres meses.

A los padres de familia nunca nos dieron una buena razón para cerrar el seminario ni para hacerlo cuando lo hicieron. Usualmente cuando se toman este tipo de medidas es por falta de recursos financieros o porque hay pocas inscripciones, pero en este caso el seminario tenía suficientes recursos financieros y cada vez más alumnos.

Presionado por los padres de familia, el obispo confesó de mala gana que contrató a la firma de consultores Meitler de Milwaukee, para evaluar los posibles usos del edificio del seminario. Los consultores sugirieron cerrarlo, aunque iban en aumento las inscripciones y tenían fondos suficientes, dijeron que el edificio también podría ser usado para muchas otras cosas más redituables, por lo que el obispo decidió cerrar la escuela.

Venir de una familia muy religiosa es una cosa, pero ver la religión desde afuera, con prácticas de corrupción y abuso, trae muchas preguntas, dudas y muy pocas respuestas. Mi hijo y el resto de los graduados, querían que el rector o el director les entregaran sus diplomas para cruzar por última vez el escenario y hacer su salida final. Sin embargo, como con otros enigmas, el obispo fue en contra de los deseos de los alumnos, y decidió que él y sólo él, les entregaría los diplomas a los graduados. En respuesta a eso la mayoría de ellos, mi hijo incluido, no quisieron darle la mano al recibir sus diplomas.

El obispo se sintió ofendido, tan ofendido que les dijo a los 122 sacerdotes de la diócesis que esos jóvenes no eran la clase de estudiantes que la iglesia necesitaba. La mayoría de los sacerdotes que estaban en contacto con el seminario estuvieron en desacuerdo con lo que él dijo. En privado, se aliaron con los estudiantes y los padres de familia, pero oficialmente ellos eran leales al obispo. Los otros sacerdotes permanecieron en silencio por miedo a ser castigados o que les pidieran su renuncia. El rector me confió que le daba miedo tener que dejar el sacerdocio, si no estaba de acuerdo con el obispo.

Algunos que estuvieron cerca del seminario, incluido el rector, estaban al tanto de una carta que el obispo escribió a los sacerdotes de la diócesis, donde decía que la clase graduada de 1995 fue vergonzosa, no sólo para la diócesis, sino para toda la Iglesia Católica.

Durante una misa celebrada por el obispo en la capilla del seminario, comparó la situación que estábamos viviendo con la de una riña familiar, diciendo que a partir de una disputa llega un poco de intranquilidad y, posiblemente, un divorcio o dos. Tal vez suene como una riña familiar ahora, pero las palabras del obispo me golpearon como una tonelada de ladrillos. Estaba devastado. Me sentí injustamente criticado y traicionado. ¿Acaso mi esposa y yo habíamos visto crecer al primero de nuestros tres hijos como una vergüenza para el mundo?, ¿cómo hicimos eso? Pensé que habíamos pasado dieciocho años enseñándole a mi hijo como ser un buen y decente ser humano. Después de todo, lo escogieron para dar el discurso de despedida al final del curso de la escuela. No faltó ni un día a clases, desde maternal hasta preparatoria, siempre en escuelas parroquiales. Ninguno de esos estudiantes merecía ese trato de la autoridad, especialmente tratándose de autoridades religiosas.

Para mí, este acontecimiento provocó una serie de preguntas, no sólo sobre la fe con la que había crecido, sino sobre la vida. Preguntas que no me había hecho antes. Así que decidí darme un descanso de la religión para contemplar la situación desde fuera. Después de mucho pensar, y de varios viajes a la biblioteca para conocer la historia de la religión en la que fui bautizado; de examinar los abusos recientes, así como los pecados de los últimos mil seiscientos años, llegué a una conclusión. Antes de divorciarme de la iglesia (más bien sentí que la iglesia se divorció de mí), simplemente como que me resignaba a la religión. No era una opción fácil terminar con la religión familiar, pero para mí, no había remedio.

Aunque esto fuera años antes de que yo pudiera perdonar al obispo y el silencio de los sacerdotes en cuanto a lo que hicieron, tengo que agradecerles por acercarme más de lo que hubiera podido imaginar a Dios y a los ángeles. Sin aquel desafío, nunca hubiera experimentado la intervención de los ángeles en mi vida o la de ayudar a otros a sentir su presencia. Nunca hubiera perforado el velo y visto aquel reino llamado cielo. Sin esa horrible situación, nunca hubiera tenido la oportunidad de ayudar a las personas a aprender sobre sus seres amados que han fallecido o de ser capaces de experimentar la presencia de la Madre María o del Arcángel Miguel.

Desde entonces, muchos me han contado sobre sus encuentros con los ángeles, espíritus, la Madre María, el Arcángel Miguel, hadas y otros fenómenos. Sus historias son expuestas en estas páginas junto con la mía. De alguna manera, ellos son mis héroes por revelar finalmente las experiencias que tuvieron y que nunca habían sido contadas. Ellos son mis héroes por confirmar muchas veces que existe de verdad algo más grande que nosotros; que los ángeles están aquí también, parados al lado de nosotros, guiándonos cada día.

---

Nota: En mi historia y las historias que cuento a lo largo del libro, algunos de los nombres, detalles, ciudades o países han sido cambiados para proteger la privacidad de las personas que fueron lo suficientemente amables para compartir sus experiencias angelicales y encuentros espirituales.

## Ángeles al rescate

—Tengo que contarte lo que me sucedió hace treinta y cinco años, —me dijo Amanda, una mujer chaparrita, de cabello café oscuro y piel color olivo—. Salí de mi casa que está cerca de los límites de la ciudad alrededor de las siete de la noche y conduje hasta una pequeña iglesia a ocho millas de la ciudad. Conducía un coche deportivo viejito en la época que no tenían cinturones de seguridad. Cuando las actividades de la iglesia se terminaron, puse mi monedero, un folleto y la envoltura de una galleta que traía, en el asiento del pasajero. Me subí al carro y noté lo fresco que olía el aire, así que decidí bajar la capota. Recuerdo que eran las 9:45 p.m. cuando me dirigía de nuevo por la carretera camino a casa. Al pasar una curva cerrada, en un tramo oscuro de la carretera, un venado salió de repente y quedó enfrente de mí. Yo lo esquivé para no atropellarlo, pero el coche se salió de control, y rodó una y otra y otra vez.

La siguiente cosa que Amanda recuerda fue un sueño donde un ángel la estaba cargando, y gentilmente la sentaba a cinco millas lejos del accidente, en una intersección, junto a un edificio en la esquina donde había una caseta telefónica. Y fue exactamente ahí donde despertó. En sus manos tenía su monedero con las llaves del carro, el folleto y la envoltura de la galleta.

—Ahora bien, ¿cómo pude haber salido del accidente sin un rasguño y estar a cinco millas de ahí, en una caseta telefónica, con mi monedero, las llaves del auto y el folleto en mis manos sin la intervención de un ángel? —preguntó.

Al día siguiente regresó al lugar del accidente, acompañada de algunos amigos de la policía y del conductor de la grúa para ver su coche deportivo destrozado. Ninguno de los que estaban ahí podía imaginar cómo había salido caminado del terrible accidente. Amanda lo sabía y me dijo: "Mientras estaba allí, mirando lo que quedaba del coche deportivo, un sentimiento de amor se apoderó de mí, y desde ese momento he sentido la presencia de los ángeles, incluso a mi hijo le puse Ángel".

Tiempo después le pregunté, como a todos los que comparten sus historias conmigo, si le molestaría que escribiera su historia para que pudiera compartirla con otras personas.

—No hay problema, —me dijo—. De hecho, quiero que les digas a todos tus clientes y a todas las personas que conoces que los ángeles siempre están presentes.

## Capítulo 2

# Encrucijadas

Un día regresé del trabajo a mi casa del sur de Wisconsin y encontré un mensaje en la contestadora. El representante de una compañía telefónica del sureste quería hablar conmigo. Hace más de cuatro años y medio, en el soleado y cálido centro de Phoenix, la misma compañía me entrevistó. Ahora me estaban ofreciendo trabajo en Mesa, Arizona. Después de haber vivido en Wisconsin por alrededor de cuarenta años y de haber trabajado en el exterior todos los días, congelándome, lo cálido de Arizona sonaba atractivo.

Sabía que no sería un movimiento fácil. A mi esposa Pamela le gustaba su trabajo y teníamos un buen círculo de amistades, lo que para ambos sería muy duro de dejar. A nuestra hija Alicia, aún le faltaba un año y medio para terminar la preparatoria. Al más pequeño, Curtis, le faltaban aún tres años en la misma escuela, acababa de hacer nuevos amigos y ahí se sentía bien. Brad, el mayor, acababa de terminar su primer año en la Universidad en las afueras de Chicago y no nos gustaba mucho la idea de dejarlo atrás.

Después de varios debates familiares, evaluando pros y contras, el movimiento se realizó. Hicimos un esfuerzo y nos fuimos al valle del sol, dejando la tundra congelada y el quitanieves atrás.

Al venir de lo alto del medio Oeste, era seguro y definitivo que necesitaríamos cubrir ciertas necesidades en cuanto llegáramos al desierto de Arizona. Aunque estábamos muy motivados o sólo muy seguros, sentíamos que debíamos tener una casa en un lugar que nos beneficiara a todos. Alicia quería una casa cerca de un parque que tuviera una cancha de voleibol. Curtis quería estar cerca de un parque que tuviera una cancha de basquetbol y un campo de béisbol. Pamela quería una casa con manantiales y sin niveles o escaleras. Yo quería estar cerca del agua, un campo de béisbol y quería tener una alberca, un paisaje desierto y sin un jardín que cuidar. Estaba cansado de podar el pasto.

Pide y se te dará. Encontramos un lugar al Este del valle que se acomodaba a todas nuestras necesidades. Era la ubicación perfecta. Probablemente lo más perfecto de nuestra casa, era que la calle se llamaba *Crossroads Drive*, que significa cruce de caminos. En ese tiempo no nos dimos cuenta de que habíamos llegado a un camino muy profundo. No teníamos ni idea de que nuestras vidas estaban a punto de cambiar de una forma drástica. Yo nunca me di cuenta de las cadenas que serían quitadas, los cordones que serían cortados, liberándome de personas, lugares, situaciones, de todas las ideas e ideales. Parado en la esquina de *Crossroads Drive*, no tenía ni una pista de los eventos que estaban a punto de ocurrir y que alterarían nuestras vidas.

Durante el verano de 1997, mientras estaba manejando sobre la autopista que conecta a Phoenix con otras ciudades del sudeste del valle, noté un espectacular con la imagen de un ángel que nunca había visto. Su brillante cabello color rubio miel era largo y lo traía suelto. Su túnica y su perfil, todo en color leche, emanaba gracia, dignidad y amor. La clara belleza de este ángel me hizo bajar la guardia. Hubo algo en ese espectacular que me movió. Parecía que me hablaba. Mientras miraba al ángel, me preguntaba qué significaba todo eso.

Dos días después, en el mismo lugar de la carretera, volví a mirar el espectacular, pero en esta ocasión noté las palabras *Los mensajeros*. El espectacular estaba anunciando un libro acerca de ángeles. Parecía ser el regalo perfecto para Pamela, quien había estado leyendo varios libros últimamente. No llevábamos tanto tiempo en el valle como para haber conocido a otras personas, así que ahora los dos teníamos mucho tiempo para disfrutar de la lectura

Pamela estaba leyendo tres libros a la vez, y yo le compré el libro del ángel con anticipación. Una o dos semanas después, ella seguía leyendo todos sus otros libros. Yo me empecé a molestar porque deseaba que empezara a leer *Los mensajeros* y que dejara los libros de John Grisham y la novela de Stephen King (claro que no maldije a Stephen King, no quiero un embrujo sobre mí). Después de todo, le había dado el libro de *Los mensajeros* como un regalo de cumpleaños. Todos mis deseos y esperanzas no me llevaban a ningún lado, Pam iba a leer los otros libros primero y no había nada más que hacer. Así que una noche yo empecé a leer el libro de *Los mensajeros* y no podía dejarlo, la noche siguiente lo terminé. Eso fue un tiempo record para mí.

Antes de *Los mensajeros,* sólo había leído tres libros acerca de "el más allá". A mediados de 1970, leí el libro innovador *La vida después de la vida* de Raymond Moody. Luego en 1992, *Abrazado por la luz* de Betty Eadie. Durante el problema en la escuela de mi hijo, en 1995, me encontraba leyendo a Dannion Brinkley en *Salvado por la luz.* Los libros de Betty Eadie y Dannion Brinkley te introducen a los senderos de una mejor vida, por medio de experiencias cercanas sobre la muerte y de cómo guiar a la gente en la dirección correcta para reunirlos en la paz con Dios y el Espíritu. Pam también los leyó. Ligeramente me intrigaron y me dejaron el sentimiento de querer leer más. Antes no había muchos libros disponibles sobre los temas de "después de la muerte" y de experiencias cercanas a la muerte. Mis ojos fueron abiertos, aunque sea un poco, pero mis creencias religiosas en ese momento me mantuvieron tranquilo. Con el tiempo todo eso iba a cambiar. De pronto me estaba permitiendo totalmente despertar a la realidad de los espíritus, de los ángeles, y de tener contacto directo con ellos. Me preguntaba, mientras veía mi creciente interés en estos temas, si lo que dijeron los budistas podría ser verdad. La historia de Nick Bunick en el libro de *Los mensajeros,* y la intervención de los ángeles me tomaron por sorpresa. Nick no era particularmente devoto de ninguna religión, sin embargo los ángeles intervinieron en su vida. Sólo había escuchado de gente muy religiosa el haber tenido visiones o el haber estado en la presencia de Jesús o la Virgen María, personas como monjas, monjes y el orador Robert. Entonces recordé esos tres libros que leí sobre las experiencias de gente que estuvo cerca de la muerte. Finalmente, impulsada por mi entusiasmo, Pam leyó también *Los mensajeros.* Un mes más tarde estábamos en "Cambiando de Manos", una tienda de libros, en Tempe, donde Nick estaba firmando sus libros. Mientras estaba firmando el libro de Pamela, se dirigió a mí y con su voz suave, me dijo, "Siento tu energía".

¡Energía!, ¿cómo demonios sientes la energía?, poco sabía en ese momento, pero el libro del ángel y la historia de Nick me llevarían a lugares donde nunca había estado, ni siquiera con el pensamiento. Conocería almas interesantes, autores de la nueva era, catedráticos y los que son conocidos en todo el mundo por sus dotes de intuición y enseñanzas iluminadas.

Una vez que empecé a leer sobre ángeles, tenía ganas de más. Entre más curiosidad me daba, más libros leía. Tenía muchas preguntas. ¿Están realmente los ángeles con nosotros todo el tiempo?, ¿ellos intervienen en nuestras vidas?, ¿pueden venir ellos a cualquier persona, incluso a las personas que no van todos los domingos a la iglesia?, ¿existe el infierno?, ¿podemos tener una conversación con Dios sin rezar formalmente?, ¿Dios contesta nuestras preguntas?, ¿cómo?. Hacer todas estas preguntas fue como abrir la puerta e invitar a los ángeles a que la cerraran —y eso fue exactamente lo que hicieron.

## Hadas, flores y ángeles

Nora y su familia viven en la parte occidental de Kentucky, en una casa dentro del bosque, en las afueras de una ciudad no muy grande. Un día hermoso de junio, mientras estaba visitando a su familia, Nora entró a mi tienda "Alas de Ángel" y me contó sobre el encuentro de su hija con los ángeles, al día siguiente de que le practicaran una operación de corazón abierto, cuando Ashley tenía seis años. Nora estaba al lado de la cama de Ashley, sosteniendo su mano, cuando la pequeña niña se despertó brevemente y habló.

—Mami, hay seis ángeles alrededor de mí. Justo antes de la operación, uno de ellos bajó y me susurró en el oído, "Tú estarás bien, no te preocupes pequeña". —Después, Ashley se volvió a dormir en su cama del hospital.

Dos días después, mientras Nora abría la puerta del cuarto del hospital de su hija, Ashley le dijo a su mamá que se sentara al lado de su cama. Ashley le pidió que se acercara más para que le pudiera hablar suavemente.

—Mami, —dijo con un tono de voz que estaba tanto preguntando como afirmando—, ¿Tú serás honesta conmigo? —a Nora se le empezaron a salir las lágrimas, sin saber qué esperar.

—¿Realmente no existe ni el conejo de Pascua ni Santa Claus?, —su hija le preguntó tranquilamente—. ¿Ellos no son reales?"

Cuando Nora le preguntó por qué estaba pensando en eso, Ashley le compartió más de lo que aprendió mientras estaba dormida en la cirugía. Ella le dijo que les preguntó a los ángeles que estuvieron con ella durante la operación si ellos eran como Santa Claus o el conejo de Pascua. Los ángeles le contestaron que realmente Santa Claus y el conejo de Pascua no existen, que son leyendas, parte del mundo de la imaginación de los niños. Pero que los ángeles y las hadas sí son verdaderos.

Desde esa operación, hace tres años, los ángeles nunca han dejado a Ashley. Ella le dijo a su mamá que tenía a seis ángeles con ella todos los días y no sólo ve a los ángeles, sino también a las hadas y otros espíritus. Ashley dice que algunas veces, cuando las hadas están cerca, ella puede oler el aroma de los arbustos y los árboles, o el aroma de las flores.

Después de que Nora terminó de compartir su historia, salió de la tienda con una sonrisa serena que yo también compartía. Dios te bendiga Ashley, por darnos una idea de la belleza invisible que nos rodea y por afirmar la existencia de los ángeles y las hadas.

## Capítulo 3

# La voz de un ángel

El papá de Pamela, Marlyn (Marlie) Gallangher, tenía programado un procedimiento para que le destaparan la arteria carótida de su cuello. La primera operación salió tan bien que unas semanas después su doctor le recomendó hacer cuanto antes la siguiente parte del procedimiento. Esta segunda parte no salió tan bien.

Poco después de la operación, mientras estaba en la sala de recuperación, Marlie sufrió de una parálisis. No podía moverse del cuello para abajo y no podía hablar. Ante esto, Pamela empacó su maleta y voló de regreso a Wisconsin para estar con su papá y el resto de su familia. Mientras se iba, ella me recordó de una cita a la que tenía que ir a la mañana siguiente. Me dijo, "asegúrate de poner tu alarma para que puedas salir más temprano de lo usual y no llegues tarde".

Con Pamela de regreso a Wisconsin, yo tenía que organizar solo todas mis cosas. El horno de microondas y yo estuvimos cara a cara por unos segundos, sin embargo, decidí mejor usar la parilla. Después de darme un banquete con salchichas de Sheboygan y té helado, nadé un rato en la alberca del patio trasero. Más tarde, estuve resolviendo un crucigrama, luego apagué la luz y me desconecté el mundo. Me dormí temprano. Hasta que, de repente, a la mañana siguiente escuché a alguien llamarme por mi nombre.

—"Gerald"

Me levanté de un brinco, mis ojos eran del tamaño de una toronja. Era el mismo tono de voz que mi esposa utiliza cuando quiere que le ponga atención. Escuchaba mi nombre en un tono más profundo y de una manera firme, pero divertida: "Ger-auld". Al mismo tiempo la voz y el nombre retumbaban dentro y fuera de mi cabeza, lejos, a lo alto y del lado derecho de la cama para ser exactos.

¿Dónde, por qué y cómo apareció esa voz? Miré en la oscuridad todo a mi alrededor y luego me recosté de nuevo, jalando la sabana hasta mi cuello. Me quedé quieto, pero mis ojos se movían en todas direcciones, arriba, abajo, derecha, izquierda. Todo se veía normal. Miré el despertador, y me di cuenta de que no lo había puesto para pararme temprano para la reunión y que ya era hora de levantarme y ponerme en marcha. ¡Pero esa voz! ¿De dónde vino?

Todavía aturdido, salí de la cama y me quedé parado en el lugar de donde yo creía que había venido la voz. Calculé que había venido como de unos 30 cm arriba de mi cabeza y yo mido 1.83 cm de altura. Entonces, de repente, sentí que me golpeó como una tonelada de ladrillos. *Era un ángel con la voz de Pamela, o al menos utilizaba su modulación. Debía ser un ángel grande y alto.*

Entré a bañarme para estar listo y empezar el día, mirando sobre mi hombro y sacudiendo la cabeza. Todo el camino hacia la cita no pude quitarme esa voz de mi cabeza y no podía esperar para contarle a Pam. Ese día, por la tarde, después del trabajo, le llamé a Pam para saber cómo iban las cosas en Wisconsin y para contarle acerca del extraño encuentro con el ángel esa mañana.

—Escuché una voz muy temprano esta mañana, —le dije—, y sé que esto podrá sonar chistoso, pero creo que era tu ángel —tú sabes, es gracioso —dijo— porque estaba sentada junto a mi papá, pensando en ti y preguntándome si habías puesto la alarma o si recordabas que tenías que ir a esa reunión. Una y otra vez, en mi mente, estaba pensando que estabas dormido, lejos y le dije a mis ángeles que se aseguraran de que te despertaras.

Escuché con atención y luego dije —entonces era tu ángel el que vino a mí esta mañana ¡en tu nombre!

Sentí como si Pamela llegara a mí a través del teléfono y me apretara la mano nerviosa de emoción.

—¿Qué te dijo?

—¿Qué me hubieras dicho tú si estuvieras aquí y me sorprendieras durmiendo sin haber puesto la alarma? —le dije tranquilamente y con una tímida sonrisa—. Gerald es lo que dijo, y habló como tú lo harías Ger-rauld.

Se rió en forma juguetona y cariñosamente agregó —tengo ángeles muy amorosos que conocen a mi marido muy bien.

—¡Y supongo que además son extra grandes —dije—. Este ángel debe medir como 2.13 cm de alto, porque cuando me bajé de la cama, el punto de donde escuchaba que venía la voz, ¡estaba como a 30 cm más arriba de mí!

Más risitas venían de Pam. Ya ves, te dije que estaba preocupada de que se te olvidara poner la alarma.

Sentí mis labios que empezaron a decir "sí cariño"

He estado leyendo sobre personas que han tenido interacción con los ángeles, pero el escuchar esa voz era mi primera afirmación de que tener contacto con el mundo de los espíritus y los ángeles era posible y de que también era posible para mí. ¿Yo pedí una prueba? No. Por lo menos no pensé que lo había hecho, pero nunca lo olvidaré.

La muestra juguetona de ese contacto espiritual era sólo el principio. Cada vez que tengo la experiencia de esos poderosos encuentros, me pregunto: ¿Soy yo el que hace contacto con esos espíritus o ellos lo hacen conmigo?

La siguiente afirmación que los ángeles me enviaron "la corrección" como le llamo, vino sólo unos días después. Estaba colgando fotos familiares en la pared de la sala. La foto que quedaba más arriba era un retrato de la familia de mi papá y sus tres hermanos con mis abuelos. Miré a mis abuelos y mentalmente empecé a mandarlos al demonio. No me gustaba la manera en la que educaron a sus hijos. Había problemas serios en esa familia, depresión severa y alcoholismo, sólo por decir algunas cosas. ¡Maldije a los papas de mi papá!

Continué colgando fotos, y seguía mentalmente reclamándoles a los dos, cuando una foto grande que estaba debajo de su foto cayó de la pared. Yo estaba usando huaraches y la esquina del marco aterrizó directo en el dedo gordo de mi pie izquierdo. Ahora tenía realmente un motivo para gritar. Cojeaba por toda la sala y sangré todo el lugar. El marco de la foto me cortó hasta el hueso. Debí haber ido a que me curara un doctor, pero me daba pena decirle a alguien cómo sucedió el accidente.

Aprendí algo acerca del mundo de los espíritus esa tarde. Los que están del otro lado no se enojan, ellos están lejos de las simples emociones humanas. Pero ellos ayudan a iluminar la verdad de la manera que puedan. Alguien me estaba corrigiendo y me estaba mostrando lo pobre de mi punto de vista. Después del *shock* inicial, grité a todo volumen, "¡permanece despierto, Jerry!". Las fuerzas angelicales en mi vida me estaban llamando a hacer sólo eso, despertar. Sabía que ésta era una llamada de atención de Dios; estaba empezando no sólo a oír, sino también a escuchar desde el interior de mi alma, desde ese lugar especial no muy lejos del corazón.

Esos dos eventos ocurrieron tan cercanos uno del otro que me ayudaron a darme cuenta que los espíritus no deben tomarse tan a la ligera. Podemos negar la existencia de los espíritus todo lo que queramos, pero los espíritus no nos negarán a nosotros. Los espíritus son tan reales como tú y como yo, y no hay una línea en medio de ellos y nosotros. Todos estamos conectados, y nosotros tenemos todas las pistas necesarias para participar en ese viaje de descubrimientos, si sólo los escucháramos y los siguiéramos.

Yo estaba despertando, estaba empezando a seguir las pistas y estaba empezando un nuevo viaje. El paseo había sido como en una montaña rusa, a través del cielo y con ángeles sosteniéndome para no caer. Mi carro de la montaña rusa ahora estaba dando otro giro y se dirigía directo a un hospital.

# El guiño del "abuelo"

Mi suegro, Marlie Gallagher, sufrió de una parálisis en la sala de recuperación, después de una cirugía, y murió seis semanas después. Nuestro hijo, Brad, compartió con nosotros esta experiencia con su abuelo antes de que falleciera.

"El abuelo y yo nos volvimos muy unidos mientras yo vivía con él y con la abuela durante los veranos y las vacaciones escolares. Él me enseñó a cazar, pescar, me compartía historias de guerra, relatos de cacerías y viajes de pesca. También le gustaba hablar de "Steel Forms", la compañía de construcción que fundó hace casi cincuenta años y de la cual estuvo al tanto hasta el día en que tuvo su parálisis. Yo trabajé con el personal externo ese verano en el que se concretó el nuevo vaciado en cemento.

"Como el abuelo había sido muy activo, era muy difícil verlo en la cama de un hospital lleno de tubos y mangueras y verlo parcialmente paralizado. Nos dolía mucho verlo de esa manera y podías sentir y casi palpar su sufrimiento y frustración.

"Una noche de verano, cuando él ya estaba enfermo, tuve un sueño: Yo estaba en la sala, arrodillado al lado del abuelo, quien estaba sentado en su sillón favorito. Él no estaba recostado, sino que estaba sentado derecho, con ambas manos en los brazos del sillón. Estaba vestido con su traje habitual, unos pantalones de color caqui y una camisa de botones. Estaba rasurado y traía su cabello bien peinado hacia atrás, como si acabara de salirse de bañar y estuviera listo para conocer el mundo. Tenía un aspecto agradable en su cara y había un resplandor a su alrededor. Parecía muy contento y no dijo ni una palabra.

"Mientras estaba de rodillas junto a él, levantó su mano izquierda, empezó a mover los dedos y giró su muñeca un poquito. Él había estado paralizado alrededor de un mes, así que yo lo miré con asombro y le dije, '¡abuelo, puedes mover tu mano!' Él me miró con una sonrisa y me hizo su usual guiño del ojo izquierdo. Era su manera de decirme que todo estaba bien.

"Precisamente yo había copiado el mismo guiño un par de días antes de su parálisis. Después de dejar algunos víveres, él se estaba yendo en su Dodge azul y yo lo saludé. Sonrió y me hizo el mismo guiño.

"En mi sueño, después de que mi abuelo me guiñó el ojo, oí que sonó el teléfono y me desperté. Lo primero que pensé fue que estaba lloviendo y que mi jefe estaba llamando para decirme que no fuera a trabajar. Luego escuché a la abuela por teléfono diciendo cosas como, ¡Oh Dios mío!, ¿es verdad? No me esperaba esto. ¡Oh, Dios! Sabía que algo andaba mal. Salí a ver qué pasaba y después de que la abuela colgó el teléfono, me dijo que el abuelo había muerto.

"No había pensado en mi sueño hasta el día siguiente. Y por alguna razón, nunca he llorado cuando me acuerdo de él. Tal vez es porque en el sueño, el abuelo me sonrió y me guiñó el ojo, diciéndome que todo estaba bien. Por lo menos, me gusta pensar que así es".

Enterramos al papá de Pamela el 2 de agosto de 1997, el día en que su hermana cumplió cuarenta años. Su hermana estaba atravesando por un momento difícil y oró por una señal para saber que su padre estaba bien y estaba con ella. El día después del funeral, la hermana de Pamela, su esposo y sus tres hijos fueron a un campamento familiar en el norte de Wisconsin, como lo habían hecho durante varios años. Esa tarde, como parte del programa para los niños, un hombre habló de las aves de rapiña y les mostró un halcón, cuyo nombre era Marlie. La hermana de Pamela no podía creer lo que escuchó y sonrió. Entonces se acercó hasta el hombre y le preguntó el nombre del halcón de nuevo. Sí, era Marlie. Su hermana había recibido la señal.

La vida tiene una manera especial de comunicarse, a veces en secreto, a veces en forma obvia. Si prestamos mayor atención, vamos a aprender todo lo que es necesario para continuar a lo largo de nuestro camino con sus señales.

## Capítulo 4

# Se busca un buen hogar para un ángel

Escuché mi alma, seguí mi corazón y me sumergí en lo desconocido. La mayor parte de mi vida, he sido voluntario para una u otra cosa. Cuando acababa de cumplir 19 años, fui voluntario del servicio militar y pasé dos años en la armada durante la época de Vietnam. Más tarde, fui entrenador deportivo para jóvenes y participé en programas como Hermano y Hermana Mayor para ayudar a los necesitados.

Ahora estaba trabajando en Arizona para una compañía telefónica con un horario de días y horas irregulares, lo que me dificulta poder ser voluntario de cualquier cosa que requiera un día o un horario específico. Es como estar atrapado.

Dos años más tarde, ya establecidos en nuestro nuevo hogar, Pamela ordenó la figurita de un ángel que vio en un catálogo que recibimos semestralmente por correo electrónico. Cuando la figurita llegó a nuestra puerta de enfrente ese verano, no se parecía en nada a la foto del catálogo. Pam escribió y preguntó si podía regresarla, esperando que le pidieran enviarlo de regreso o que tuviera que quedarse con ella. La mujer a cargo del servicio de atención a clientes respondió que la compañía haría el reembolso a la tarjeta de crédito de Pam, pero en lugar de pedirle que regresara la figurita del ángel, la mujer le pidió a Pam que la donara en caridad a alguien que lo apreciara.

Yo hacía muchos viajes como parte de mi trabajo, así que me ofrecí a llevarme el ángel. Pensé que cuando pasara por algún lugar interesante, podría bajar el ángel para ver si ése pudiera ser su nuevo hogar.

Mi primera oportunidad de encontrar un nuevo hogar para el ángel fue un edificio histórico de oficinas en la provincia de Mesa, donde yo tenía que hacer un trabajo en uno de los pisos. El directorio de la parte de enfrente del edificio tenía el nombre de todos los arrendatarios. Uno de ellos sobresalía del resto "Hospital del Valle". Entonces, pensé que ésa podía ser una buena opción. Recogí el ángel del asiento de adelante y me dirigí hacia el piso del hospital.

Toqué la puerta y entré. Inmediatamente a mi derecha, vi la recepción, —lo cual me disgusta de sobremanera—. ¿Por qué por lo general la recepción queda de un solo lado? Rara vez entras a un lugar y te encuentras la recepción de frente. De cualquier modo, no había nadie ahí. Me fui, imaginé que ése no sería el nuevo hogar del ángel y que debía llevarlo a algún otro lado. Por eso no sucedió. Esa semana no hubo nada más que me llamara la atención. Nada parecido a un lugar de caridad o de beneficencia aparecieron en mi camino.

A media semana, al final de mi día, me encontré de regreso al edificio donde estaba la oficina del hospital. Me estacioné y subí las escaleras. La puerta estaba abierta y una dama joven estaba parada detrás de la recepción. Ella estaba radiante, sonrojada y entusiasmada por quedarse con el ángel de Pamela. Le pregunté si el ángel podría ser colocado en la pared del cuarto de un paciente donde pudiera ser visto por cualquiera. Y así fue.

No podía quitarme la imagen del hospital de mi cabeza. En el radio todo el día escuchaba comerciales invitando a las personas a ser voluntarios en un hospital. Lo mismo sucedió en la tarde, pero en televisión. Los anuncios del hospital estaban en todas partes.

Lo que fuera que estaba detrás de todo esto, tratando de alcanzarme, estaban haciendo un buen trabajo. Levanté el teléfono y llamé a tres de los seis diferentes programas de hospitales de la lista del directorio y obtuve el inevitable mensaje de voz. Un viejo condecorado general británico dijo una vez, "yo no odio a nadie, simplemente me disgustan intensamente". Pues a mí me disgustaban mucho los mensajes de voz. Así que colgué el teléfono después del tercer mensaje de voz que dejé.

Sólo uno de los programas regresó mi llamada, el Hospital de Arizona. Me enteré después que no era el único al que le había pasado esto. Durante una sesión de orientación para voluntarios, Lisa, la coordinadora de voluntarios, nos preguntó por qué habíamos escogido el Hospital de Arizona. Lisa se sentó al final de una de las dos mesas de invitados que fueron colocadas a lo largo del salón, en las que estábamos acomodados diecinueve mujeres y yo que era el único hombre. Me gustaba eso. A la respuesta de su pregunta, todos hablamos al mismo tiempo y casi en las mismas palabras contestamos. "Ustedes fueron los únicos que regresaron mi llamada". Cada uno de nosotros dejamos varios mensajes en algunos programas de hospitales, donde requerían el apoyo de voluntarios, pero sólo el Hospital de Arizona regresó nuestra llamada.

¿Pudo haber sido una coincidencia? Eso depende de la definición que se tenga de esa palabra. El diccionario define *coincidencia* como compartir el mismo lugar o tiempo. Ocurriendo varias cosas en un mismo tiempo u ocupando el mismo lugar en el espacio por casualidad.

Judy Peters, quien era la coordinadora de duelo en el Hospital de Arizona, tenía una definición mucho más corta y precisa. Judy es lo que yo llamo un ángel terrenal. La ayuda que ella les da a los pacientes durante la transición y a sus familias no es nada menos que angelical. De acuerdo con Judy, las coincidencias son "pequeños milagros que ocurren a diario a cualquier hora."

Uno de los aspectos más intrigantes del grupo de voluntarios que formamos, era que yo tenía la sensación de "conocer" a cada uno de ellos de tiempo atrás. Todos nosotros sentimos una profunda conexión. Para mí era como un *déjà vu*. No podía haberlos conocido en esta vida, pensé, ya que todos veníamos de diferentes puntos de la ciudad, antes de establecernos en el suroeste. No obstante nos sentíamos como en familia.

Todos los que participamos en esa sesión de orientación nos volvimos voluntarios certificados. Veníamos de barrios diferentes y de recorrer distintos caminos en la vida, abogados, maestros, jubilados etc., aunque tenemos una cosa en común: todos habíamos perdido un miembro de la familia por alguna enfermedad, como cáncer, diabetes o alzhéimer. Tiempo después yo me di cuenta de que habíamos llegado juntos a ese lugar y en ese tiempo de nuestras vidas por algo más poderoso que la mera casualidad o por coincidencia. Tal vez era hora de que cada uno diéramos nuestro testimonio.

Nos encontramos con que parte de la filosofía del hospital es permitirle a los pacientes liberarse del dolor durante el final de sus vidas, mientras que nosotros aún teníamos el recuerdo de haber visto y tratado de confortar a nuestros propios seres queridos, que habían muerto con fuertes dolores, porque sus doctores sólo les podían recetar un porcentaje de medicamento controlado. Nosotros sentíamos que esto no debería de ser así, parecía tan innecesario, tan cruel. Nuestros seres queridos que se han ido, han muerto solos en cuartos oscuros. Algunos de ellos sufrieron por semanas, pasaron meses de dolor agonizante antes de morir.

Mi padre, William Miles Van Slyke, y sus tres hermanos mayores, murieron de cáncer, con dolor y solos en un cuarto oscuro al final de un pasillo sin luz. Mi padre tenía setenta y cuatro años.

Mi hermano y yo, junto con nuestras esposas, hicimos todo lo que pudimos para ayudar a mi padre en su transición y aún así sufrió por meses una implacable agonía. Nunca pudo encontrar alivio al constante dolor que no lograban quitarle por mucho tiempo. Los doctores no podían hacer mucho por él, regulaban el dolor que lo estaba matando, utilizando morfina, que goteaba de la bolsa de suero a sus venas.

La casa de la enfermera donde trabajaba Pamela, estaba a 72.5 km de donde vivíamos. Ella venía a casa de su trabajo y atendía a nuestros tres pequeños niños mientras yo manejaba casi todas las noches del trabajo para ir con mi papá. Me quedaba con él tanto como podía, sin saber cuál noche sería la última. Un domingo en particular, me quedé con él todo el día y la tarde. Él se dormía casi la mayor parte del tiempo, pero mientras estaba despierto apretaba el botón para que le goteara la morfina todo lo que podía. Aún con eso no era suficiente para parar aminorar su dolor.

Esa tarde de abril, él estaba recostado en su espalda y yo estaba parado al pie de su cama. Él levanto su cabeza ligeramente, ya que la luz de la recámara le parecía muy brillante. Miró y se cubrió de la iluminación poniendo su mano justo arriba de su frente, como si fuera un saludo. Su movimiento me llevó a pensar en mis tíos y en cómo murieron. Su hermano mayor, Ken, fue el primero en irse, después el siguiente más grande, Ralph. El día del entierro de Ralph, su hermano Lloyd también murió.

Mi papá me empezó a decir que se acababa de despertar de un sueño donde estaba en una carrera con uno de sus sobrinos, el cual estaba sufriendo de una enfermedad en el corazón. El ganador se moriría primero. Mi papá ganó la carrera. Él sonrió de lo absurdo de tener que explicarme el sueño, y luego nos reímos de la idea de que se tratara de una carrera; pensé en la falta de seriedad del momento ya que ganaba el que tenía el menor tiempo de vida, mientras él bajaba su cabeza hacia atrás, sobre la almohada, e hizo una mueca de dolor.

Efectivamente mi papá le ganó a su sobrino esa carrera de la muerte. Él murió en las primeras horas del día siguiente, después de que me había ido. Cuando nosotros lo vimos, unas horas después de su muerte, él aún tenía entre sus manos la manguera con el botón de la morfina, y se le podía ver atormentado por el dolor en su cuerpo, aun en posición fetal, con sus manos colgando sobre el barandal de la cama; sus manos estaban buscando el botón para la morfina, el cual no pudo encontrar y no pudo apretar. Una enfermera de turno nos dijo que lo había limpiado, ya que al final se había ahogado en su propio vómito.

Permanecí parado al pie de su cama, mirando su cuerpo, consciente de que el pobre nunca obtuvo suficiente morfina para aminorar su dolor. Las enfermeras sólo les dan a los pacientes lo que cada médico ordena, y nunca fue suficiente. Las lágrimas se me salieron, llegaron a mis cachetes, luego a mi barba, hasta caer al piso en una inundación de emociones que no podía parar. Él era mi padre. El hecho de que en esos últimos momentos haya sido consumido por el dolor, confusión, duda e incredulidad me dolía hasta el alma.

Había hospitales de enfermedades terminales en algunos lugares en ese momento, pero no en Wisconsin, donde mi padre había vivido, pescado, jugado basquetbol, trabajado, amado y quería morir. Si hubiera habido algún programa de este tipo de hospitales en el área, él hubiera estado en uno.

Hospitalidad es una palabra que literalmente significa mostrar calidez y generosidad a extraños o de cuidar a nuestros semejantes, ofreciéndoles alimentos y bebidas. Los hospitales de enfermedades terminales tienen formas especiales de cuidar a las personas con enfermedades graves así como el cuidado de sus seres queridos. Es una filosofía más que un lugar. El enfoque es siempre de bienestar, no de cura, enfatizando la calidad de vida y no la cantidad. No se suscribe a la eutanasia. Muerte, como nacimiento, es un proceso natural y un hospital de este tipo ayuda a los pacientes a hacer su transición libres de dolor y en su propio tiempo.

El principal rol de un voluntario es el de apoyar y cuidar, permitiendo que el cuidador principal tome un respiro. Así que me convertí en un bateador ambidiestro. Visitas amistosas alivian el aburrimiento, la soledad y el aislamiento social que los pacientes pueden sentir. De hecho me consuela que mis pacientes estén siempre felices de verme, de ver otra cara, escuchar otra voz, opinión o historia, o de sólo estar en la misma habitación con otra fuerza de vida, recordándoles su propia humanidad.

Tuvieron la oportunidad de aclarar sus mentes, corazón y alma; los pacientes pudieron compartir conmigo lo que sintieron que no le podían contar a su cuidador, muchas veces fueron historias íntimas y secretos.

Los hospitales me permitieron hacer una diferencia; experimenté milagros a través de los años en que trabajé en el Hospital de Arizona, milagros que a la fecha tienen un profundo impacto en mí. Me sentí privilegiado de conocer a esos hijos de Dios en ese sagrado momento de la transición de ésta vida a la siguiente. Las emociones frecuentemente envolvían mi alma, y mi cuerpo estaba abrumado, lloraba en la comunión que tuviera lugar, aunque fuera sólo por un momento.

Papá, tu dolor, aún innecesario, me enseñó mucho y me acercó a ser más y mejor ser humano. Yo creo con todo mi corazón y mi alma que nadie tiene que sufrir antes de morir, independientemente de las ideas anticuadas de culpa, pecado y dolor que tratan de convencernos de lo contrario. Gracias papá, te amo.

# El ángel dorado

Un día, Irene entró a "Alas de Ángel" por la puerta trasera. Ella era una mujer delgada, como de setenta años. Con la correa de la bolsa colgada de su hombro izquierdo, se aferró a su bolsa como a una pelota de futbol. Irene paseó en la tienda, buscando un regalo especial para una querida amiga que tenía cáncer terminal. Finalmente encontró una linda figurita de un ángel de la amistad. Cuando se puso de frente al mostrador, sentí cierta tensión en ella y traté de establecer una conversación

—Hola, bella dama. —Dije, como diría el empleado de una tienda—. Yo soy Jerry. ¿Hay algo en lo que pueda ayudarte hoy?

—No, sólo vine a comprar la figurita de un ángel de la amistad para una amiga cercana, que está luchando contra el cáncer. —Irene se incorporó y respiró hondo, después lo dejó salir. Ella lo hizo de nuevo y esta vez sus hombros cayeron como si estuvieran soltando una carga pesada.

—Te voy a contar una pequeña historia —dijo, aclarando la garganta y tartamudeando como si su pequeño pecho pesara. Entonces se encogió de hombros y añadió—: te lo diré, pero sólo se lo he contado a mi esposo John. Hace algunos años, mi madre murió. Mi padre murió años antes y yo era la única que quedaba en la familia. Yo tenía la única llave de la casa, iba a limpiarla cada vez que podía y agarraba algunas cosas para hacer donaciones.

"Estuve haciendo esto un par de meses hasta que una vez noté algo que no había estado ahí antes. En la parte superior del armario de mi madre, estaba su cajita con joyería, pero sentado arriba de la cajita estaba un ángel dorado. Mi mama creía en los ángeles, pero yo nunca antes había visto un ángel en su casa, hasta ese día, y no sé como llego ahí.

"Le conté esta historia a una vecina, una amiga muy querida de edad avanzada que vive solo cruzando la calle, mi amiga con cáncer. ¡Sucedió entonces la cosa más extraña! Después de que le conté la historia del ángel dorado que apareció en la recámara de mi mamá, ella tenía una expresión de sorpresa en su cara. Luego metió la mano dentro de la bolsa de su abrigo y sacó un ángel dorado, casi idéntico al que yo encontré en la casa de mi mamá. —Yo también tengo uno, —dijo ella—. Lo encontré hace poco en mi bolsa, y tampoco sé de donde vino".

## Capítulo 5

# Una mirada al cielo

Septiembre en el Valle del Sol es caliente, a 41 grados en la sombra. Todo había ido bien a 37 grados desde principios de mayo de ese año. Me senté en mi camioneta, estacionada debajo de la sombra de un árbol en Mesa, Arizona, tomando agua fría de mi hielera y limpiando el sudor de mi frente. Estaba tomándome un merecido descanso, mientras mi mente vagaba en el trabajo de voluntario.

La oportunidad de sentirte conectado instantáneamente con otros seres humanos, que estaban a punto de morir y hacer su transición fue impresionante y gratificante. Pensé en los tres pacientes con los que yo había trabajado en Arizona. La primera tenía cáncer de pulmón. Ella tenía un paquete de sus cigarrillos favoritos, Salem, junto a su cama. El siguiente sufría de demencia, junto con cáncer de pulmón. Él siempre quería que yo lo sacara del hospital a escondidas y le consiguiera un paquete de cigarrillos. El tercer paciente sufrió de insuficiencia cardíaca y tenía la loca idea de que compartir sus sueños con otras personas permitiría que el diablo robara su alma. Había ayudado a los tres en sus últimos días y quería ayudar a otros. Sólo que había un problema. El hospital no había vuelto a llamar en varios meses.

Ya acalorado y molesto por cinco meses de calor del desierto, el vapor se elevaba mientras yo me preguntaba por qué no había sido asignado a un nuevo paciente, cuando tanta gente necesitaba consuelo. Pensé en el miedo y la vulnerabilidad que la gente siente al final de su vida. A la mayoría de nosotros nos han enseñado a temerle a Dios, y a sentir la culpa de haber nacido manchados por el pecado, y nos recuerdan constantemente lo difícil que es eliminar todo el pecado de nuestras almas para ganarnos el cielo. Todo eso nos lo inculca la doctrina religiosa, como si necesitáramos algo más que nos haga sentir separados unos de otros o para causarnos temor y perder la esperanza.

Afortunadamente, Dios duerme con un ojo abierto. Él entiende nuestra situación, que nuestro ego (yo inferior) tiene una tendencia a crear un lado oscuro, lejos de nuestro ser superior, lejos de la luz, del bien, de Dios, y que esto nos hace crear nuestros propios ridículos e innecesarios problemas.

Yo todavía estaba en el proceso de este aprendizaje, aunque por dentro me escuché hablar a través de mi enojo y frustración, levantando mi voz y jurando cosas. El final de un lado de la conversación fue algo así como "¡y si al hospital le interesa, pues yo hice voluntariado, y ha terminado la espera de que me llamen!". Antes de que pudiera coger otro vaso de agua fría, mi celular sonó.

—¡Hola!, —me dijeron en el teléfono.

—¿Jerry? Soy Lisa, tu coordinadora del hospital. ¿Cómo estás hoy?

Sin esperar a que le dijera cómo me sentía, continuó, —tenemos un nuevo paciente. Y en la reunión de esta mañana, tu nombre apareció. Pero, Jerry, para ser honesta contigo, le hemos hablado a otros tres voluntarios y rechazaron esta misión.

—Yo lo haré, —me escuché decir sin dudar. Después de todo, yo quería ayudar a aliviar el dolor emocional de otros durante sus últimos días en este mundo.

—Su nombre es Eddy y acaba de cumplir 31 años, —dijo Lisa. Su voz parecía estar muy lejos y, sin embargo firme. Eddy tiene un cáncer muy raro. Su estómago y gran parte de sus intestinos se los han tenido que quitar y tiene dos bolsas sanitarias, que su nueva esposa de apenas hace seis meses, le atiende cada vez que es necesario.

Tragué saliva. —¿Cuánto tiempo ha estado enfermo Eddy?

—Su enfermedad fue descubierta hace tres meses y ya ha perdido alrededor de 72.5 kilos. Su esposa, Ángela, tiene que usar una máscara cuando le cambia los tubos y vacía las bolsas. —Inmediatamente supe que era el momento para que yo contribuyera de cualquier manera posible.

—Yo soy tu hombre, Lisa, —le dije. Todavía sintiéndome un poco enojado, me hice cargo de la conversación, pidiéndole que me diera el número de teléfono de Eddy y que me enviara el paquete de información habitual. Rápidamente anoté su teléfono en el reverso de un sobre.

—Jerry, sólo recuerda que si tú decides no tomar esta misión, todos nosotros lo entenderemos, —dijo Lisa. Me metí el sobre en el bolsillo empapado de sudor de la camisa, y manejé de regreso a las instalaciones de la empresa.

Más tarde esa noche, sintiéndome descansado y fresco en la comodidad de mi hogar, saqué el sobre con el nombre y número de teléfono de mi siguiente misión en el hospital y marqué. Hablé con la esposa de Eddy, Ángela, y quedamos en reunirnos en su apartamento, en Phoenix, el siguiente sábado a las diez de la mañana era el primero que tendría fuera en meses. Ángela le pasó el teléfono a Eddy y hablamos brevemente. No recuerdo mucho de la conversación, salvo que sonaba agradable y con buena disposición. Era otoño en la mayor parte del país y hablamos de deportes. Él se declaró fan de los Acereros de Pittsburgh.

Esa noche me acosté en las sábanas frescas de la cama, le di un beso a Pamela de buenas noches y me sentí agradecido por el aire del ventilador de techo; le dije a Dios lo bien que me sentía de estar de regreso, trabajando con un paciente del hospital. Me disculpé por mi ira y la incapacidad para aceptar que estaba trabajando en el tiempo de Dios y no Dios en mi tiempo. También le pregunté a Dios sobre los libros de "después de la vida" que había leído recientemente, y si debía buscar otros más sobre la espiritualidad. Recuerdo haber besado a Pamela una vez más, en la parte posterior del cuello, y rápidamente caí en un profundo sueño.

En algún momento durante la noche fui transportado a un lugar que nunca había visitado antes y al que no he regresado desde entonces. Me encontraba de pie delante de un hombre que me estaba enseñando cosas. Al principio, estaba observando los acontecimientos como si estuviera fuera de mí, viéndome a mí mismo desde atrás. Luego fui capaz de ver cómo sucedían las cosas desde cualquier ángulo. A veces, sentía como si estuviera en un teatro de Disneylandia viendo las escenas en una pantalla gigante con sonido envolvente. Yo estaba viendo todo con una vista panorámica de 360 grados. ¿Dónde estaba yo? En un lugar llamado cielo.

La cara de mi maestro era de color rosa brillante. Todo su ser resplandecía como un recién nacido envuelto en un aura blanca. Él estaba en lo alto, quizá a 1.87 metros. Le vi el contorno de una barba de chivo y noté que estaba un poco calvo.

Su cabello no era de media pulgada de largo en los lados y lo había puesto hacia atrás, encima de su corona. Lo miraba hablando, y me di cuenta de que este ser de amor estaba en un plano más alto que yo y en otro mundo. Mientras estábamos frente a frente, me vi en blanco y negro, mientras que su mundo estaba lleno de colores brillantes, que desprendían un sentimiento inmenso de paz y el amor.

Alrededor del maestro, tan lejos como mis ojos podían ver, flotaban seres de luz, querubines sonrientes, que yo pensé que eran ángeles. Podía ver a través de ellos. Tenían alas y estaban volando, aunque sus alas no se movían. Asombrado, mire a mi alrededor. El pasto era verde como los bosques tropicales de Hawái, o tal vez más verdes que todos en la tierra. El pasto me habló. Me di cuenta de que pude sentir la energía de los árboles, sus ramas y sus hojas. Escuché y entendí los tonos de todo lo que tenía vida.

El pasto, los árboles, las flores, los animales e incluso las moléculas me hablaron y compartieron puntos de vista conmigo. Mis límites minimizados, mi ego disuelto, no había dualidad, no estábamos separados. Sentí que yo era parte de todas las cosas. A veces la comunicación venía en forma de palabras y en ocasiones como un rayo transparente de energía que descargaba la información en mí, de todo lo que estaba viendo y sintiendo.

Antes de que pudiera hacer una pregunta, era contestada. Mis pensamientos, incluyendo los hechos, instantáneamente eran afirmados o corregidos. Por ejemplo, yo quería saber acerca de la Biblia así que empecé a formular una pregunta en mi mente, en cuanto a su exactitud y su intención. Entonces recibí esta respuesta:

*Salvo en las mentes de las personas, eso no importa. Sin embargo, como una respuesta para que tú puedas compartir con los demás, la Bi-*

*blia está incompleta. Había más autores dedicados a su escritura con el fin de iluminar al hombre. Su intención era la de escribir muchos libros que les permitiera llevar a todos los pueblos del mundo fuera de la oscuridad de la inconsciencia y entrar en la luz del amor de Dios.*

*Los escritores también sabían que sus obras tenían que ser protegidas y mantenidas fuera de las manos de los hombres de poder, políticos de la época y de los tiempos por venir o corrían el riesgo de ser reescritas con sus intereses personales, con ganancias de por medio o de ser destruidas por completo. Muchos de los escritos originales fueron editados fuera del libro que ustedes llaman la Biblia.*

*Por mucho tiempo todos los manuscritos se conservaron intactos. Sin embargo, actualmente muchos de ellos están deteriorados en Roma. Los llamados Rollos del mar Muerto, así como los escritos de la llamada Biblioteca de Nag Hammadi estaban destinados a ser parte de la Biblia.*

*La Biblia, los textos de Nag Hammadi y los Rollos del mar Muerto fueron escritos por los mismos autores y se destinaban a ser transmitidos a todas las generaciones por venir. Los escritos en esos rollos han estado en manos de muchos eruditos y han sido traducidos y publicados. Estas traducciones se encuentran disponibles en todo nuestro planeta, en los corazones de las personas con distintas creencias religiosas.*

*Sí, mucho de la Biblia fue reescrito bajo las órdenes directas de los altos funcionarios de la época, para servir a los propósitos de los traductores o por la incomprensión entre los idiomas. Partes de lo que está registrado en la versión que tú conoces están intactas. A pesar de los cambios, es seguro decir que "hay algo de verdad en todas las religiones". Los expertos que estudian los escritos saben que parte es verdad y que ha sido alterada. Sin embargo, a veces dejan sus creencias ya que interfieren con sus hallazgos.*

Mi atención se volvió a mi nuevo entorno, como el cielo se mostró a sí mismo. El pasto me decía: "Con un amor más grande del que tú puedes conocer yo te permito usarme para mantener tu equilibrio y defender tu tierra. Con gusto te permito caminar sobre mí como el amor de mi ángel está atrás de mí". Luego, mientras miraba el pasto verde hermoso, me di cuenta de que detrás de cada hoja, había una hoja de color más intenso y profundo, que era más redonda y más alta que la recta y estrecha que estaba en frente de mí. Me quedó claro que cada hoja de pasto tenía un ángel propio parado detrás de ella. El pasto continuó comunicándose: "Respira el oxígeno que ofrezco para ti". El pasto donde no estaba parado se balanceaba suavemente, las hojas más delgadas se movían melódicamente, al mismo tiempo que las hojas más profundas; el pasto más redondo detrás de ellos estaba emitiendo una profunda sensación de una apacible felicidad. No sólo el pasto, sino todo lo que estaba a mi alrededor se balanceaba al mismo tiempo.

Impregnando de armonía a todo el mundo celestial, había música en todo y en todas partes. La música no sólo se podía escuchar, sino también se podía ver. Yo podía elegir si quería escucharla, verla, sentirla o utilizar cualquier combinación de todos estos sentidos para absorberla. Fue así con todo: palabras, imágenes, olores, pensamientos y sentimientos de cualquier tipo. Todas las cosas estaban vivas y todas ellas tenían una frecuencia mayor y una vibración de calidad —desde las rocas y las flores, hasta los árboles, pájaros, animales, peces y la vida oceánica, el aire y las personas—. Me di cuenta de que no sólo el pasto, sino todas las cosas tenían un brillante ser de amor más grande justo detrás de ellos. Todo era amor, armonía, existencia pacífica, cada uno con su propio ángel.

Los colores se magnificaban diez veces más. Incluso había varias tonalidades y música en ellos. Aunque la música rodeaba todo y estaba en todas partes, no estaba de una manera que pudiera describir con las palabras exactas. De alguna forma, de algún lugar, las palabras definen, limitan, y causan fronteras para ser construidas. Lo que yo experimenté no conoce la separación. Era la unidad, la belleza, la verdad, todos unidos en un sentimiento de paz y felicidad amorosa. Era una zona tranquila, una serena mezcla de imágenes, sonidos y la sensación de estar dentro de ese hermoso lugar majestuoso que llamamos cielo.

Hubo un momento en que mi profesor me habló de una forma severa, diciendo: *Lo que yo digo es para ti. Escucha bien. Dios es todo. Dios es uno, Dios es, fue y siempre será el amor universal. Solo hay un Dios, que no pertenece a ninguna religión y que está en constante expansión y en el pensamiento de todos, palabras y acciones. Dios, como el silencio, no puede ser dividido. Dios vive dentro de cada espíritu, cada alma, y está en todas partes, en todo momento. Lo más cierto de la verdad del gran maestro es que despeja sus corazones de toda la negatividad y el pensamiento basado en el ego antes de que vieran la luz, antes de que vieran el bien, antes de que vieran a Dios.*

Escuché estas palabras, pero eran difíciles de comprender porque no podía darles toda mi atención. No podía dejar de pensar en todo lo que había que ver. Hice mi mejor esfuerzo para enfocarme en mi maestro, pero era mucho aprendizaje el que estaba teniendo. Estaba reuniendo conocimientos de todas partes: de las palabras de mi maestro y sus acciones, del medio ambiente y de los lugares que a simple vista no podía ver dentro de este mundo etéreo.

El conocimiento que entró en mi cuerpo estaba vibrando a través de mí. Venía del pasado, del presente y del futuro, todo en el ahora. Bajo las capas de mi piel, a través de mis órganos, estaba siendo bombardeado y penetrado por unidades de información a una velocidad infinita. Mi cuerpo hizo un ruido candente, como si absorbiera los datos que viajan dentro y fuera de mis células. Algunos de los datos que entraron en mis células eran la información de la composición de la célula, de cómo se forma y se mantiene la vida.

Así como el conocimiento entraba en mi ser y pasaba a través de mí, sentí una exquisita felicidad. Mientras mi maestro me hablaba, también podía ver la información que me estaba transmitiendo en tercera dimensión, en lo que parecían ser fragmentos de una película. Estaba aprendiendo que cuando pasamos de nuestra vida en la tierra y hacemos la transición a este lugar, recibimos una revisión panorámica de 360 grados de nuestra vida. También me permitió observar en tercera dimensión algunas de estas revisiones de vida. Cuando vi estos fragmentos, pude ver y sentir los sencillos gestos de bondad de aquellos que pudieron examinar su vida, lo que habían transmitido a otros en sus vidas. También pude sentir el dolor y el sufrimiento que ellos les hicieron a otros con sus pensamientos desagradables, palabras, y acciones.

Aprendí que los que estaban causando dolor en los demás, también estaban sufriendo y sintiendo dolor en sí mismos. Lo interesante de su dolor y sufrimiento es que ellos mismos se lo estaban haciendo. Ellos se habían enojado porque veían en los demás lo que ellos habían elegido no ser, o veían en otros una parte de sí mismos, con lo que no estaban satisfechos, algo que todavía tenían que resolver. La ira no era acerca de lo que alguien más les hizo, sino que fue causada por algo que observaron de ellos mismos.

Si tú prefieres llamarle a la revisión de la vida "el día del juicio", que así sea. Sin embargo hay más que eso. Nosotros llegamos a ver y sentir el bien, el amor y la bondad que le hemos brindado a otros, y la forma en que esas personas lo recibieron; llegamos a sentir el efecto de la ondulación de nuestras acciones, como esas personas que llegaron a influir en sus amigos y seres queridos. Durante nuestra revisión de la vida, también podemos ver y sentir la ira, el odio y todas las emociones negativas que colocamos en los demás, y otra vez, llegamos a sentir exactamente lo mismo que ellos sintieron en el tiempo en que pasó. Confía en mí, no es agradable. Después de que mi maestro me enseñó esta lección en términos generales, viendo ejemplos de la revisión de la vida de otros, ahora era mi turno. Él me dio una pequeña muestra de mi propia vida para pensar y reflexionar.

Mi maestro me enseñó instantes de mi vida diaria donde había cometido un error y donde había hecho una mejor elección. Por ejemplo, me vi como un adolescente cerca de una parada de autobuses en Kenosha, Wisconsin, donde había vivido, esperando subir a un autobús mientras la gente bajaba. Una mujer de unos treinta años se estaba bajando del autobús e hicimos contacto visual. Sintiéndose insegura, como los adolescentes también están a menudo, aparté la mirada. Y me mostró que si le hubiera sonreído o movido la cabeza, o ambas cosas, hubiera hecho su día muy agradable. En cambio, la pobre mujer estaba luchando contra la depresión y el que yo mirara a hacia otro lado, la hizo sentirse no deseada y no amada. Ahora tenía que sentir el impacto de mi reacción, como si yo fuera ella, y no me sentí muy bien.

También me ha mostrado las consecuencias de mis actos de amor, como un incidente que ocurrió en un día de frío invierno de Wisconsin, mientras caminaba a casa de la escuela primaria con un compañero de clase, yo tenía nueve años en aquel momento. Las temperaturas eran bajo cero y mi amigo estaba temblando y secándose las lágrimas de sus ojos con las manos frías y desnudas. No era tiempo para estar sin un abrigo de invierno y sin guantes, sin embargo, él no tenía nada de eso. Venía de una gran familia con pocos ingresos, y de ropa, como muchos en esos días, incluyendo la mía, estábamos escasos. Cuando nos acercamos a mi casa, me quité el abrigo y se lo di a él, diciendo: "quédatelo. Dile a tu mamá que ya no lo necesito". Con una mirada de asombro, su rostro se puso un poco rojo. Sus ojos se llenaron de lágrimas mientras lo miraba. Rápidamente se puso el abrigo, se secó los ojos y la nariz con el dorso de la mano y siguió caminando a su casa a varias cuadras de distancia. Esta experiencia se sintió bien, cálida, amorosa, feliz y abrumadora.

Cuando me enseñaron las cosas buenas de mi vida, para su revisión, yo estaba en la felicidad absoluta. Así, también, fueron maravillosos los alrededores, el pescado, los demás animales, y las plantas de la vida. Todos nos podíamos mover y ser como uno porque todos podíamos sentir el mismo deseo de amar, para movernos como una familia feliz, y así lo hicimos. Fue como si hubiera habido una conexión más profunda y estuviéramos con nuestros familiares perdidos hace mucho tiempo, unidos por primera vez.

Todos nosotros ahí podíamos sentir el amor incondicional en nuestro interior. Fue magníficamente increíble, como si el amor de Dios brillara sobre nosotros.

¿Qué pasa con la religión? Incluso antes de tener el pensamiento completamente formado en mi mente, me vi de regreso con mi maestro. Él me estaba dando instrucciones, pero sus labios no se estaban moviendo. Me estaba transfiriendo la información telepáticamente: *las religiones no son exclusivamente el único camino para llegar a Dios. Dios vive en todas las personas y en todas las cosas y en todo momento, en nuestro pensamiento consciente e inconsciente, individual y colectivo. Dios es lo que pensamos antes de pensarlo. Dios está siempre en expansión, y los pensamientos de Dios tal como son ahora, cambiarán a una visión más amplia que se envolverá en los mundos. Dios está en todas partes y en todo el mundo. Dios soy Yo. Todas las personas que estamos vivas participamos en este baile llamado vida.*

Esto confirmó lo que había aprendido antes en el sueño, que la Biblia era sólo una de las varias enseñanzas de Dios y no era la primera. Por ejemplo, Buda vivió quinientos años antes de Jesús y sus palabras fueron escritas. Lo mismo pasa con la verdad de Krishna y otros maestros ascendidos. Sin tener que preguntar, todas las interrogantes que tenía acerca de Dios y la religión fueron contestadas. La luz, Dios y el bien son uno y básicamente significan lo mismo: amor y honor. Antes de Dios, había la palabra *bueno*, y era Dios. Dios estaba en la luz, por lo tanto la luz es buena, Dios es bueno, entendí que todos somos uno.

Aprendí también que Jesús caminó en la tierra como un gran maestro, como profesor y sanador. Los esenios y otros maestros instruyeron a Jesús (Yeshua) a lo largo de su vida. Ellos le enseñaron sobre su lugar en el mundo y su misión, desde que era un niño. Visitó muchas zonas donde aprendió las enseñanzas en otras lenguas que no eran hebreas. Su ser no se limita al Jesús de la Biblia. Su ego no era y no es tan grande como para decir: "El único camino para llegar al cielo es a través de mí". Aprendí que hay muchos maestros y muchos guías. Como un maestro en su propio tiempo, Jesús enseñó que todas las personas están incluidas para poder llegar a una vida espiritual más alta. Mostró a toda la humanidad el camino del amor, la verdad y la armonía, con el fin de que todos los hijos de Dios puedan vivir juntos en paz; para que todos los pueblos de todo el mundo tengan la oportunidad de conocer la armonía la fuerza interior y un amor más grande de lo que conoce la humanidad. Al divorciarnos nosotros mismos de nuestro yo inferior, el ego, nos será más fácil estar en contacto con nuestro yo superior, nuestro Dios Padre-Madre que reside dentro de uno mismo.

Aprendí que no hay un lugar llamado infierno. El infierno es un estado mental. Es cuando la gente vive sin amor, sin luz, sin Dios. El infierno es la aceptación de la dualidad, del bien y el mal. Uno se puede preguntar, "si no hay infierno, entonces ¿de dónde viene toda la maldad?" Gente asesinando a personas inocentes, es maldad. Tanto el odio como la maldad son creaciones del ego (del yo inferior) del hombre. Vienen del ego y de las mentes de las personas ateas, que han sido enseñadas por maestros formados por cuenta propia, con un conocimiento incompleto de Dios o de las ideas pervertidas de lo que en realidad Dios quiere. Dios es amor, eso es todo. Desde que Dios es amor, no hay nada más que el amor de Dios. No hay dualidad y no hay ira, ni odio, ni apatía. Dios es un todo incluido y está hecho de todo, completo, puro, con su dulce amor incondicional. Aprendí que nuestra conexión con el plano terrenal es profunda. Todos estamos conectados con nuestro entorno. Los árboles, piedras, pasto, aire, plantas y animales, todos están hechos de la misma estructura y su ADN no es tan diferente. Sus moléculas y las nuestras tampoco son muy distintas. En nuestro viaje a ser uno con Dios, algunos caminos tienen más curvas y giros que otros. Pero nuestro objetivo aquí es simple: amar. Para emitir amor, para irradiar bondad, abrazar, envolver, extender el amor a nosotros mismos, a lo demás que conocemos, y a lo que aún no conocemos. Cuando nosotros podamos hacer nuestro camino recto, seremos uno con Dios. No es probable que esto suceda en una vida. Sólo hay un pequeño puñado de personas que han hecho eso y se llaman maestros.

Mi maestro me enseñó que podría olvidar muchos de los mensajes que he recibido, pero que cuando escuchara o viera la verdad, yo sabría que es la verdad. Él dijo que también sabría reconocer lo que no es verdad y que seré capaz de diferenciar entre las dos.

Siento el amor de ese sueño como si hubiera ocurrido anoche. Sin embargo, me tomó varios años poder escribir los detalles. ¿Por qué? Por un lado, yo no tenía que hacerlo. El sueño estaba, y sigue estando, grabado muy dentro de mi alma. Nada de esto se ha ido.

Antes de este sueño, veía todo más o menos desde una sola dimensión, desde la perspectiva de mis pensamientos nada más. Después de esta profunda experiencia de vida, cambié y nada volverá atrás. Los viejos patrones de pensamiento han sido borrados. Ese sueño eliminó todas mis preguntas acerca del más allá, del cielo, Dios y la religión. Mi vida la he llenado con afirmaciones, con admiración, asombro, y entendiendo el propósito de la vida.

Sin embargo, esta mirada al cielo, no era más que una pequeña chispa de comprensión para los nuevos inicios. Me hizo saber que yo sólo acababa de comenzar mi viaje con más conciencia. Lo que no sabía en ese momento, es que éste sería el primero de una serie de tres sueños que traerían cambios importantes en mi vida, y que el trabajo de mi maestro conmigo era sólo el principio.

## Un amor que nunca acabará

—¿Me puedes decir si mi abuela es un ángel? —preguntó una mujer alta, de cabello largo y negro. Kendra había aparecido en "Alas de Ángel" con el objetivo de hacerme esa pregunta. Luego habló en voz más baja, y agregó—: Estoy bastante segura de que ella fue al cielo, ella era una mujer muy amable.

—Bueno, en mi opinión, —dije—, la mayoría de las abuelas son ángeles en todos los aspectos.

—No, no. Yo sé eso. A lo que me refiero es que toda mi vida he pensado que sólo los cristianos pueden ir al cielo. La abuela de la que estoy hablando es la mamá de la mamá de mi marido. Yo crecí siendo católica, pero ella era de origen árabe, y era una mujer muy dulce y cariñosa vivió hasta una edad avanzada, antes de morir el año pasado; y significaba mucho para mí. Yo la quería mucho desde que mi marido me la presentó cuando todavía éramos novios. Me enseñó desde el primer momento una forma especial de amar y la manera de ser aceptada por todo el mundo.

Kendra se detuvo, me miró directamente a los ojos y me dijo: "Bueno tú eres un extraño, así que te puedo decir lo que pasó".

Se sentó en el taburete frente al mostrador donde estaba trabajando, y comenzó su historia. "Un martes por la noche del mes pasado, mientras yo estaba durmiendo, abrí los ojos y ahí estaba ella, justo al final de la cama. Tenía un resplandor a su alrededor y su piel era de un color radiante. Llevaba puesta una ropa que le quedaba maravillosamente y se veía muy joven.

"Mi abuela se quedó parada, mirándome con una pacífica sonrisa mientras yo estaba recostada en la cama. Me quedé ¡paralizada! Yo sabía que estaba despierta porque me levanté y prendí la luz. Cuando hice eso, mi abuela desapareció, o por lo menos ya no la podía ver. Entonces apagué la luz y ella apareció de nuevo. Así es que dime qué piensas, ¿mi abuela es un ángel?"

—Si tú crees que ella es un ángel, entonces lo es —le dije—. Ella no puede ser un ángel con alas, pero ella está allí con los ángeles, en el mundo de los espíritus, en el espacio que nosotros llamamos cielo. Y tú sabes que ella vino a ti por el amor que ustedes compartían. Tu amor es tan poderoso que aún continúa, aunque tú vivas en este mundo y ella viva en el mundo de los espíritus. Tu abuela conoce tu corazón y sabe de tu gran amor. Ella ama tu alma tanto que vino a visitarte. Para ti fue un recuerdo de muchas cosas y una afirmación de que estuviste en lo correcto todo el tiempo, efectivamente todas las personas pueden ir al cielo. Nuestra religión no le importa a Dios. Tú tienes amor en tu corazón y así lo tenía tu abuela. El amor es lo que cuenta. Si tú tienes amor, tú tienes a Dios, tú eres un ganador. La visión que tuviste era una afirmación de que tu amor nunca acabará, no importa donde estés tú, no importa donde esté ella.

## Capítulo 6

# Apareció el maestro

La mañana del viernes siguiente me desperté para empezar otro día normal de trabajo. Si hubiera tenido el teléfono de alguien para trabajar ese día, me hubiera sorprendido, ya que, yo estaba como en un sueño celestial. Todo el día, el sueño de la noche anterior se repetía y se repetía en mi mente. Traté de darle sentido a todo, pero no pude.

Los recuerdos de los mensajes que recibí, fijados dentro de mí, aparecieron flotando en mi mente. *Dios vive en la conciencia colectiva de todas las personas. El bien, Dios y la luz; mente, cuerpo y espíritu, todos están conectados, todos son uno*. Mi cabeza estaba aún girando sobre eso. Recordé haber visto pequeñas esferas de energía amando la vida, mirando a los padres jóvenes de la tierra y escogiéndolos para que fueran sus padres, una idea que me gustó mucho. *La clave de la vida y para mantener la vida, está dentro de nosotros mismos. Dios es singular, sin embargo está en todas las cosas y en todas las personas todo el tiempo.*

Me acosté en las sábanas frescas esa noche, mi sueño seguía dando vueltas en mi cabeza, como olas precipitándose hacia la tierra durante la marea alta. El mundo en mi sueño tenía toda la apariencia de verse y sentirse más real que la vida que me rodeaba.

A la mañana siguiente, como la luz del sol hizo su entrada a través de la ventana de la recámara, penetrando mis párpados, me desperté con suavidad. Me estiré con una leve sonrisa, dándome cuenta de que era sábado y que no tenía que ir a trabajar. Pamela ya estaba fuera de la cama, en la cocina. Yo podía oler el tocino friéndose en el sartén. Di vuelta sobre mi lado derecho, lejos de la ventana, cuando de repente recordé que hoy conocería a mi nuevo paciente del hospital, Eddy Cooper. ¿Qué tan malo puede ser? Una bolsa o dos, gran cosa, nada de que asustarse. He visto peores cosas.

Manejé hacia Phoenix con la dirección en una mano y el volante en la otra, encontré la unidad de departamentos y dejé mi coche en el estacionamiento. Con el número del departamento en mi cabeza y la bolsa para voluntarios del hospital sobre un hombro, caminé por la acera estrecha a través de la unidad, buscando el departamento de Ángela y Eddy. A pesar de que el día fue inusualmente cálido, todas las puertas estaban cerradas, excepto una, la que estaba buscando. Yo había organizado mis pensamientos, preparándome para la presentación habitual y los saludos iniciales, cuando una imagen del maestro de mi sueño se me apareció a todo color. Me espanté. No había tiempo para eso ahora. Toqué la protección de la puerta, me asomé y vi a una mujer de veintitantos años, gordita y rubia, que se acercó a la puerta. Parecía servicial y sincera.

—¡Ah! hola, adelante. Soy Ángela, —dijo.

—Hola, Ángela. Yo soy Jerry, el voluntario del hospital. —Ángela interrumpió para explicarme que le estaba cambiando la bolsa a Eddy y me indicó que pasara.

Abrí la protección de la puerta y entré a la sala del pequeño departamento de dos recámaras. A la izquierda vi un sillón marrón, y en el otro extremo de la misma, con una bata blanca mate, estaba sentado mi paciente. Vio cuando iba entrando.

—Hola, tú debes ser Eddy, —dije—. Yo soy Jerry, del hospital.

—Lo sé, adelante, —dijo, extendiendo su brazo derecho para darme un apretón de manos. La mano de Eddy estaba algo caliente y el color de su piel era cenizo. Era un hombre alto y delgado, su piel se hundía alrededor de su cintura, lo cual indica que antes pesaba mucho más y que había perdido gran parte de su peso durante esta terrible experiencia. Su comportamiento era agradable, discreto. Sus ojos sonrieron, mientras él me miraba de manera analítica.

Me di cuenta de que el cabello castaño de Eddy era escaso de la parte de arriba, sólo tenía como un centímetro de largo a los lados de la cabeza. De repente, estallaron en mi mente recuerdos de mi sueño. *Es él, ¡mi maestro! Eddy fue el maestro de mi sueño,* pensé, mi mente seguía con eso. "Toma asiento", dijo amablemente. Y así lo hice. Sentí mi corazón latir a cien kilómetros por hora en mi pecho. Mi cuello estaba rígido, mi cuerpo empezó a sudar. Al mismo tiempo, una voz en mi cabeza me decía que mantuviera la calma. *¿Mantener la calma? ¿Cómo demonios voy a hacer eso, después de haberme dado cuenta que este tipo es el maestro de mi sueño?, fue como agarrar un clavo ardiendo, traté de entender, reconociendo que Eddy debía ser una figura central en mi vida y que tenía un mensaje que trans-*

*mitirme, con solo escucharlo. "Estate quieto y aprende de todo esto"*, continuaba la voz en mi cabeza. *"Hay más de lo que serás testigo"*.

¡Oh!, pensé. La palabra testigo era un poco extraña para mí. Lo que yo sabía, es que era usada sobre todo en una forma religiosa y eso me hizo sentir incómodo. Así como estaba escuchando estos mensajes, me acordé de lo que mi maestro me había dicho al final del sueño, que yo no iba a recordar todo lo que me había dicho, pero que sabría reconocer lo que sí era y lo que no era verdad. Entonces, me tranquilicé, recordando la escena y esperando pacientemente por algunos o todos los milagros que estaban por venir. Eran muchos.

Eddy y yo conversamos un poco. Él había nacido en Michigan, aunque vivió la mayor parte de su vida en Florida, antes de trasladarse a la zona de Phoenix. Tenía treinta y un años, nunca había estado en el océano, trabajó en la jardinería y era un fan de los Acereros de Pittsburgh. Le pregunté cómo sabía acerca del hospital. Ángela, que estaba en la cocina lavando los platos, escuchó e intervino, explicando que ella trabajaba largas horas, y que no siempre podía estar con él y que necesitaba un descanso. Eddy dijo que sólo quería un poco de compañía. Después, se inclinó hacia mí y me dijo en voz baja, para que Ángela no pudiera escuchar: "También me gusta hablar de deportes de vez en cuando."

La hermana de su madre fallecida, así como sus dos hermanos vivían en Phoenix, pero habían dejado de ir a verlo desde que Eddy se enfermó. La madre de Ángela vivía a dos horas al norte de Toronto, Canadá, y nunca había visto ni conocido a Eddy, porque no podía pagar un boleto de avión para ir a Arizona

En esos momentos estaban pasando en la televisión un partido de futbol y los Acereros estaban jugando, vimos el juego. Los Acereros ganaron. Parecía como si su equipo favorito lo estuviera impulsando. Eddy nunca me dijo su conexión con los Acereros, ni por qué significaban todo para él, ya sea que ellos ganaran o perdieran. Durante cuatro domingos consecutivos, vimos a los Acereros ganar sus partidos y todo el tiempo Eddy parecía muy satisfecho.

Cuando iba a mis visitas, Ángela, sumisa, por lo general estaba atendiendo a Eddy, o estaba en el otro cuarto, lavando ropa, doblando la ropa o lavando los platos y con tubos o bolsas adicionales para Eddy. Parecía que siempre tenía algo que hacer, cosas que la mantenían ocupada en la casa. Cada vez que se ponía su mascarilla quirúrgica, abría la bata de Eddy y le cambiaba los tubos y las bolsas, lo hacía sin quejarse. El olor no era agradable, como tampoco las tareas de vaciarlas, cambiarlas, lavarlas y limpiarle las aberturas quirúrgicas dentro de su cuerpo en deterioro. Ángela era un ángel de la Tierra a la altura de su nombre, realizando sus obras angelicales con su esposo, casi recién casados, sin una sola reserva o duda.

Mis primeras visitas con Eddy pasaron realmente sin sorpresas, hasta el fin de semana de la tercera semana. El día comenzó con Eddy, su joven esposa, Ángela, y yo, sólo nosotros tres. Estábamos en la sala, viendo el partido de fútbol juntos. El juego se había detenido y los comentaristas dijeron que estarían de regreso después de unos mensajes. Hubo una pausa de unos segundos antes de que los anuncios empezaran, raro, un segundo de silencio en la televisión. De repente, la protección de la puerta se abrió y entraron la tía de Eddy, y sus dos hermanos detrás de ella. Montones de abrazos, lágrimas y disculpas siguieron en esta conmovedora reunión. A excepción de la madre de Ángela. Los parientes de Eddy estaban reunidos en la pequeña sala abrazándose unos a otros. Eddy perdonó a todos, abrazó a todos, les dijo que los amaba y les dio las gracias por haber venido. Mientras estaba mirando la reunión, la tía de Eddy sacó una foto enmarcada de su difunta madre y la puso abajo de la televisión, como si la hubiera colocado estratégicamente a fin de que su madre fuera capaz de ver a su hijo mientras contemplaba su imagen. Era la foto de la graduación de preparatoria y en ella se percibía un aura de color marrón-dorado abarcándole la cabeza. Nunca antes había visto el aura de una persona en una foto de graduación y me preguntaba cómo llegó ahí. Curioso, le pregunté a la tía de Eddy si el aura alrededor de ella fue puesta ahí como un efecto especial o si la foto siempre había estado así.

Ella me dijo que la original no se veía así, pero que acababa de sacar una copia esa mañana y así era como salió. Agarré mi mochila de voluntario y saqué una copia autografiada del libro del Dr. Doreen Virtue, *Compensación de Chakra: despertando su poder espiritual para conocer y curar*, Doreen me lo había dado en uno de sus talleres de "Terapia de ángel" en Phoenix. Le di una ojeada hasta que llegué a la sección sobre el aura y la interpretación de sus colores y sus significados. Decía: "marrón oscuro, oro o amarillo: Un estudiante, o uno que se está esforzando en el estudio; demasiado analítico al punto de sentirse cansado o estresado; tratando de recuperar 'el tiempo perdido' aprendiendo todo de una sola vez".

En ese momento, la tía de Eddy estaba sentada al lado mío. Le di el libro y le dije, "Lee esto, si quieres, y dime si tiene alguna conexión con la foto de tu hermana". Ella miró hacia el libro y luego volteó hacia mí. Pude ver en sus ojos que ella estaba sorprendida. Sacó el libro, lo volteó, lo estudió cuidadosamente y luego se lo acercó para leerlo. Sus ojos se alejaron de las páginas para concentrarse en la foto de la graduación. En pocas palabras, dijo, "sí, estaba muy preocupada durante la toma de la fotografía por sus malas calificaciones y por un examen que hizo antes de la ceremonia de graduación. Estaba bajo mucha presión, no pudo estudiar en casa de la manera en que ella hubiera querido y tenía miedo de reprobar." La tía de Eddy se sentó con su codo izquierdo sobre su rodilla, su mano tapándose la boca ligeramente abierta, mientras miraba con asombro la imagen de su hermana, tratando de comprender lo que acababa de leer. Puse el libro en mi bolso, miré hacia el techo, respiré profundamente y luego exhalé lentamente. "Gracias, Dios, por las afirmaciones recibidas". Me dije a mí mismo en silencio.

Me levanté, me despedí de Eddy, quien estaba parado en medio de sus hermanos, le dije que nos veríamos de nuevo en unos días y me fui del pequeño departamento y del tierno evento. Ya que salí a la luz, levanté los brazos, estiré mis dedos, incliné la cabeza hacia atrás y, con una sonrisa congelada en mis labios, dije, "Gracias".

El siguiente domingo, Eddy yo estábamos viendo otro juego de futbol. Sus Acereros estaban ganando otra vez. Más tarde, la protección de la puerta se abrió y, de nuevo, entraron su tía y sus dos hermanos. Esta vez, venían otros seres queridos con ellos. Ángela y Eddy estaban muy contentos. Es hora de dejarlos solos, pensé, cuando escuchamos un golpecito en la protección de la puerta. Una enfermera del hospital de Arizona apareció en la puerta y simplemente dijo, "traigo a alguien conmigo que le gustaría ver a su hija y conocer a su yerno". Podías haber escuchado caer un alfiler del silencio que se hizo. Todos miraron fijamente a la trabajadora social, mientras sus bocas se abrían por la sorpresa. Yo tenía la piel de gallina. Eddy, que estaba sentado, levantó la vista hacia la puerta y vio cómo una mujer de cabello castaño y pequeña, con un cuerpo atlético, se asomó de atrás de la enfermera. Caminó directamente hacia él, se inclinó con elegancia y suavemente, pasando a través de los tubos y monitores para darle un abrazo, Eddy la recibió con los brazos abiertos. Fue un largo y cariñoso abrazo. Una vez más, las lágrimas se apoderaron de todos. Miré a la enfermera y ella a mí. Habíamos hecho nuestro trabajo de ese día y para nosotros ya era hora de irnos.

—¡Increíble!, absolutamente increíble. —Dije, mientras me levantaba para irme. Sintiéndome bendecido por ser capaz de ver el despliegue de tal belleza y gracia, amor y honor, estaba absolutamente fuera de mí, abrumado por la energía que fluía a mí alrededor. Moví la cabeza y miré hacia el cielo, sintiendo una profunda conexión con los ángeles; no podía verlos, pero sabía que estaban allí.

—¡Otro milagro eh!, —dijo la enfermera cuando salíamos del departamento.

—Supongo, —dije, todavía en un estado de incredulidad.

—Déjame contarte el resto de la historia, —añadió—, porque lo que vimos fue sólo el final de una serie de pequeños milagros. Ella empezó a explicarme que los hospitales tienen una pequeña cantidad de dinero para emergencias, como ayudar a reunir a las familias, pagarles una habitación de hotel para una noche o dos. —Ahora mismo, nuestros fondos no podían pagar un boleto de avión de ida y vuelta desde Toronto a Phoenix, además de alojamiento y comida. Pero como una de las empleadas de nuestro departamento tiene una amiga que trabaja para una compañía aérea, la llamó para ver si la aerolínea podría ayudar con una tarifa más económica. Se ofrecieron a reducir la tarifa, pero el costo aún era demasiado alto. La mujer que trabajaba para la compañía aérea dijo que si los precios bajaban, se lo diría a su amiga del hospital. —Había otro problema, —me dijo la enfermera—. Para que la mamá de Ángela pudiera llegar a Toronto, primero tenía que agarrar otro avión, en un aeropuerto pequeño situado a una hora de donde vivía, lo que elevaba los costos que ni ella, ni el hospital podían pagar.

Entonces la mujer que trabajaba para la aerolínea, pasó a recoger a un amigo suyo, a una agencia de viajes, para que almorzaran juntos y mientras le estaba contando acerca de la situación de Eddy, un hombre en el mostrador que escuchó la conversación, les preguntó si le podían dar el teléfono del coordinador del hospital. —Nos llevó algo de tiempo, —dijo la enfermera—, pero la mujer logró que el hombre y el trabajador del hospital fueran conectados. Para no hacerte el cuento largo, el hombre se ofreció a pagar la factura. Dijo que iba a pagar todo, el transporte y las necesidades de la mamá de Ángela, que la hospedaría en el hotel más cercano a Ángela y Eddy y que él pagaría la comida, todo bajo una condición: que su nombre nunca debía ser mencionado.

El cáncer de Eddy se estaba extendiendo rápidamente y le estaban quitando sus órganos. A sólo tres semanas de haberlo conocido, su condición empeoró hasta el punto de que Ángela ya no podía atenderle todas sus necesidades y fue trasladado a un hogar de cuidados especiales. El primer fin de semana que estuvo ahí, yo lo fui a visitar. Al entrar en la puerta de su habitación, vi a toda su familia reunida alrededor de él. Ángela me miró y me dio las gracias. —Gracias por venir. Necesitamos un poco de descanso, —dijo. Uno por uno, ella y los demás salieron de la habitación. Después de la última persona que se fue, Eddy tomó el control remoto de la televisión. Hizo clic una vez y los Acereros estaban ahí de nuevo.

A pesar de que estaba extremadamente débil, recostado en la cama, él se las ingenió para extender su mano derecha, y darme el usual apretón de manos. En lugar de tomar su mano, me senté al borde de la cama, me incliné y lo abrace. Su voz, que una vez fue firme, se había reducido a un susurro, pero se las arregló para decirme que estaba ganando Pittsburgh de nuevo y me pidió que me quedara a verlo con él. Yo me quedé tanto tiempo como pude y cuando su familia regresó, le dije: "Bueno, tu familia ya está aquí, es mejor que me vaya, pero voy a estar de regreso el próximo domingo para el juego", hubo un silencio inusual, los ojos de Eddy me miraron y dijo en voz baja: "Tienen una despedida el próximo domingo".

Él tenía razón. Los Acereros tenían una despedida. Desde la primera vez que nos conocimos, los Acereros habían ganado cada juego que vimos. El siguiente domingo, la semana de despedida, a la edad de treinta y un años, Eddy murió.

Se fue de este mundo, rodeado de su amorosa familia, no exactamente satisfecho con la vida, pero sin duda listo para reunirse con Dios. Una vez me dijo que aunque él no era un hombre religioso, él creía en Dios y en Jesús y que no tenía miedo de morir. Y, ¡al demonio!, si sus Acereros podían pelear una buena batalla, él también podía.

Regresé a la clínica después de unos días para hablar con los que se habían encargado de él. Todo el personal de la enfermería dijo que nunca habían tenido una paciente que fuera tan agradable. De hecho, que él era el que lo hacía reconfortante. Nunca se quejó, siempre saludaba al personal con una sonrisa y palabras amables, e incluso les preguntaba si podía hacer algo por ellos. Así es como él fue. Se tomaba la vida tal como venía, con gracia. Era un santo viviente, un ángel, él proporcionaba la fuerza a los que le rodeaban, a pesar de que él era el que necesitaba atención y era totalmente dependiente. Todos los del personal de enfermería, dijeron que era el mejor paciente que habían tenido.

Todo lo que sé, es que Eddy vino a mí en un sueño dos días antes de conocerlo. En ambas situaciones, en el sueño y en la vida real, él fue mi maestro. Eddy era un maestro para todos. Él nos enseñó la gratitud, la humildad, la apreciación de las pequeñas cosas y el amor incondicional. Él nos enseñó el agradecimiento, también, por el tiempo que le quedaba en este mundo.

Gracias Eddy Cooper, por venir a mis sueños y darle impulso al inicio de mi vida espiritual y por enseñarme la compasión, la gratitud y el amor incondicional. Tu energía vive por la forma en que tocaste a las personas alrededor tuyo. Lo hiciste simplemente por ser tú mismo, Eddy, ni más, ni menos. Por vivir bien, haz podido morir bien y pasar de esta vida sin restricciones. Gracias de nuevo por permitirme ser parte de tu vida. Y, por cierto, aunque no sucedió durante la temporada que vimos juntos, tus amados Acereros fueron increíbles durante la temporada 2005, sorprendentes ganadores de sus últimos siete juegos antes de ir en camino a ganar el Super Bowl. Los dos son ganadores, Eddy, trabajadores ganadores.

# Enseñando a los niños

Una tarde de abril una pareja entró y caminó en la tienda, agarrando figuritas, estatuas, adornos y libros. Otros iban y venían, hasta que estos dos fueron los únicos en "Alas de Ángel" que se quedaron conmigo. A medida que se acercaban al mostrador, Eric habló.

—Yo no sé por qué entramos aquí, pero se siente muy confortable, —dijo—. De nuevo, no tengo ni idea de por qué, pero estoy obligado a contarte acerca de nuestro hijo, Bobby, —su esposa, Stella, asintió con un gesto de tranquilidad.

Después de tomar un largo respiro, Eric me dijo que tenían un hermoso hijo llamado Bobby. Él amaba a su pequeño hijo, Bobby amaba a los niños pequeños y sobre todo disfrutaba jugar con sus sobrinas y sobrinos, y hacerlos reír. Hace veinte años, cinco meses antes de que cumpliera diecisiete años, Bobby comenzó a quejarse de dolores de cabeza. Finalmente se volvieron tan fuertes, que sacaron una cita médica para que lo revisaran. Después de unas pruebas y una tomografía, se enteraron que tenía un tumor que estaba creciendo dentro del cerebro de Bobby y que necesitaba una operación inmediata.

Durante la recuperación de su operación, Bobby tuvo un ataque y dejó de respirar. Los médicos le practicaron una traqueotomía y le colocaron un tubo respirador en la garganta. El papá y la mamá de Bobby estaban en estado de *shock*. Día y noche se quedaron a su lado, pasaron dos semanas sin ninguna mejora. Una noche, su madre rezó y le pidió a Dios que Bobby abriera los ojos para su próximo cumpleaños.

El día del cumpleaños de Stella, Eric entró al cuarto primero, como siempre, y se quedó del lado derecho de Bobby. Stella caminó hacia el lado izquierdo de Bobby, del lado contrario a su esposo. Ninguna palabra fue dicha. Por primera vez en más de dos semanas, Bobby abrió sus ojos. Movió su cabeza hacia el lado izquierdo y miró directamente a los ojos de su mamá, movió su brazo derecho por debajo de la sabana, la señaló y con la boca dijo "Te amo". Luego se volvió a dormir.

Poco tiempo después, la salud de Bobby empezó a deteriorarse. Les aconsejaron a Eric y a Stella que le quitaran el respirador para que Bobby pudiera irse tranquilo y en paz. Era una decisión muy difícil para ellos, como lo sería para cualquier padre. Ellos tomaron la decisión de ponerle el tubo un sábado y, después de pasar varias horas con su hijo, se fueron a casa para pasar la noche. Esa noche Bobby vino a su mamá en un sueño. Stella estaba admirada de lo bien que se veía Bobby. Estaba radiante, y su color era un rosa brillante, en el sueño, Bobby se arrodilló al lado de su madre mientras estaba sentada en su sillón favorito y le dijo que la amaba mucho. Él le pidió que no llorara por él, que iba a un lugar hermoso y todo estaba bien. Al día siguiente, Bobby tomó su último aliento terrenal y se fue a otro lugar.

Ése no fue el final de la historia. Las lágrimas iban cayendo en las mejillas de Stella, cuando Eric dijo que pocos meses después de que su hijo muriera, Bobby empezó a visitar a sus padres con frecuencia.

Él no venía a nosotros en sueños, —explicó Eric—, él nos visita así como estamos nosotros ahora. Bobby nos dijo que él está muy ocupado donde está, que una de las cosas que hace es enseñar a los niños. Ayuda a preparar a los niños que van a entrar a este mundo. —Aunque Stella estaba llorando, ella y Eric sabían que la vida de Bobby no se había terminado. Tenía cosas importantes que hacer y estaba justo donde tenía que estar, ayudando a aquellos que lo necesitaban.

## Capítulo 7

# Encaminándose a zarpar lejos

En una mañana fresca de invierno, en medio de la temporada de vacaciones, aún frotándome los ojos al despertar, me di cuenta que otro maestro acababa de entrar en mi vida, una mujer que nunca había visto antes. Mientras salía de la cama, estaba tratando de comprender el significado de la imagen de la mujer en el sueño.

Me tropecé al lado de la cama, caminando hacia el baño, cuando el dedo gordo de mi pie derecho hizo contacto con el borde de la puerta. Escuché un "crack" y tuve una sensación de dolor que recorría desde mi cerebro hasta mi dedo gordo. Luego, cuando me incliné para sostener el pie, mi frente chocó contra el marco de la puerta, dejando una marca en mi cabeza. Aturdido y rebotando en todo el piso, me agarré el pie con las dos manos y dije algunas palabras estrechamente asociadas con los soldados, marineros, los cantantes de rap y personas despreciables, despertando a Pamela con todo el escándalo.

—¿Qué pasó?, ¿qué te pasa?, ¿estás bien?

—Traté de caminar derecho con mis dos pies, como cualquier homo sapiens ordinario. —Todavía cojeando por la habitación, gimiendo y diciendo impropiedades, rápidamente le dije—: Está bien, está bien. Tuve un sueño.

—¿Tuviste un sueño? —Confundida por mi respuesta y alborotada por haberla despertado repentinamente, me hizo una pregunta a la cual me estaba empezando a acostumbrar. ¿Qué pasa contigo?

Con la pluma en la mano, un chichón punzante en la frente y un dedo gordo del pie hinchado, me las arreglé para agarrar el pedazo de papel más cercano y escribir lo que acababa de ver en mi sueño, aunque no lo entendía. Una pequeña mujer joven de impresionante belleza, con el cabello precioso, color rubio rojizo, estaba sentada en una vieja silla de ruedas de madera, que tenía llantas grandes de caucho duro, envolviendo la estructura metálica que hacía conexión con la estructura de madera oscura. La imagen que vi en el sueño parecía una foto enmarcada. ¿El marco tiene un propósito? ¿Era una metáfora?

Dentro del marco, había un fondo de color azul cielo. El piso debajo de la silla de ruedas estaba hecho de listones de madera, casi como si fuera la cubierta de un barco. La mujer tenía un vestido de día, todo con estampado de flores lavandas y azules. Aunque el vestido estaba bonito, estaba fuera de lugar, fuera de tiempo. Pertenecía a una mujer mayor. La hermosa mujer no dijo ni una palabra. Ella sólo estaba sentada en esa silla y me miraba con ojos penetrantes, como si estuviera viendo a través de mí. Sentí como si estuviera ocultando algo, ¿un secreto de su pasado?, probablemente era algo que ella sentía que no era relevante en ese momento.

En lo profundo de mis entrañas, sabía que había un mensaje para mí en ese sueño. *Tú no olvidarás esto. El significado y la memoria quedarán.* Por el momento. Solté mi desconcierto respecto a eso, dejé la pluma y me preparé para el trabajo. Mirando en el espejo mi nuevo chichón en la frente, me salí cojeando para empezar mi día con la compañía telefónica, refunfuñando a pesar de todo.

Más tarde, ese mismo día, Lisa, la coordinadora de voluntarios del hospital, me llamó. —Jerry, tenemos un paciente de edad avanzada, en el Regency Park del Valle Este y pensamos en ti para nuestro nuevo paciente del hospital. Ella es una joven de noventa y tres años, no tiene ninguna enfermedad debilitante específica, pero va en decadencia y, a veces, es polémica.

—Polémica. ¿Entonces pensaste en mí? —le pregunté.

Lisa se rió y dijo que ella se reunió con los otros coordinadores y ellos pensaron que yo podría ser una buena pareja para ella, por mi humor y mi paciencia. —Si a ella no le gustas, lo sabrás de inmediato. Te enviaremos el paquete usual.

—Gracias Lisa, y sabes, no puedo esperar a mañana.

—¿Y por qué es eso, Jerry?

—Porque cada vez obtienes mejores pacientes, —le contesté y colgué el teléfono.

El paquete de información llegó por correo y mientras lo fui revisando, vi algo que hizo que se me pusieran los cabellos de punta. La paciente estaba en el pasillo cuatro, habitación 444. De acuerdo con el libro de *Los mensajeros,* escrito por Juliana Ingram y G.W. Hardin, y el libro *Sanación con los ángeles,* escrito por la Dra. Doreen Virtue, el número 444 representa el poder del amor de Dios y eso indicaba que los ángeles ahora estaban muy cerca.

Todo lo demás que leí, se veía bastante común para un paciente del hospital y, como siempre, estaba descrito su historial médico, estructura familiar y otros detalles. Su problema principal: confusión y agitación. Sus medicaciones comunes: Ecotrin (aspirina), Senokot (para el estreñimiento), Ambien (para dormir), y Cardizem (para el corazón). Ella sufría de ambas incontinencias, de intestino y vejiga. No conocía a la gente que estaba a su alrededor, ni sabía donde estaba, qué día era, etcétera.

—Bueno, —pensé—, si mi sangre no estuviera llegando a donde necesita llegar, ¡yo también estaría un poco confundido!

Edythe, (o "Edie", como le llamaban), ha venido al asilo de ancianos Park Regency en Chandler, después de una pequeña estancia en Madison, una casa de asistencia, en Mesa. Con todas las instalaciones para ancianos, el Madison es un lugar muy cómodo. Sin embargo, unos días después de llegar allí, ella se cayó y se rompió la muñeca. Desde entonces, su salud se ha deteriorado a un ritmo muy rápido.

Llamé al asilo y programé mi primera visita. Acercándome a la puerta de enfrente, tomé un respiro profundo y entré, buscando la recepción. "Aja", me dije. Como siempre, estaba de un lado, en esta ocasión del lado izquierdo. Di vueltas alrededor de las instalaciones, encontré el pasillo cuatro y me dirigí hasta la puerta de la habitación 444. La puerta estaba abierta, así que toqué en el marco, para anunciarme. Al entrar, vi a mi nueva paciente, sentada al lado de la cama, en una silla de ruedas, con su espalda contra la pared. —Hola, Edie. Soy Jerry del hospital. ¿Cómo estás hoy?"

Sin mover ni un solo músculo, sin decir una sola palabra, ella me siguió con sus ojos. Yo me paré a unos cuantos metros, lejos de ella, sin querer asustarla por estar tan cerca.

—Edie, Yo vine aquí solo para visitarte, para ver cómo están las cosas aquí para ti y para saber si hay algo que pueda hacer para ayudarte a sentirte más cómoda.

No respondió. Con sus brazos a los lados de la silla, se incorporó y parecía alerta. Al menos ella estaba manteniendo sus ojos fijos en mí. De repente, me di cuenta de que no sólo estaba Edie sentada en su silla de ruedas, sino que también traía puesta una bata blanca, toda con estampado de flores lavandas y azules. *¿Podía ser ésta la mujer que vi en mi sueño?* A lo mejor, pero algunas cosas no encajaban. A diferencia de la mujer en mi sueño, Edie no estaba en su mejor momento y su silla no era una antigüedad. Aunque, sus facciones físicas eran similares a las de la mujer de mi sueño, y ninguna de las dos hablaba, la mujer en frente de mí era delgada, con cabello claro, más naranja que de otro color.

Me di cuenta de que había un conjunto de fotos enmarcadas en la pared de su habitación, le pregunté si estaba bien si las veía. Sabiendo que ella no iba a decir nada, me acerqué a echar un vistazo. Yo estaba viendo las fotos de su niñez, sus hijos adultos, vi fotos viejas de Edie y su marido. ¡Oh, Dios mío! *Ahí estaba ella con toda su belleza, gracia y encanto. ¡Ella era la misma rubia rojiza del marco de la foto de mi sueño!*

Me di la vuelta para decirle algo a Edie acerca de las fotos y la encontré ocupada, moviendo sus pies y maniobrando su silla de ruedas para que su espalda estuviera frente a mí. No me molestó. Estaba frotando mi antebrazo, tratando de bajar los bellitos que se me pararon al final. —Está bien Edie, —dije—. Ahora te voy a dejar sola. Recuerda, mi nombre es Jerry y pasaré mañana a visitarte. Hasta luego.

Dejé la habitación 444 del pasillo cuatro asombrado, mi cabeza daba vueltas con preguntas. ¿A quién le podía decir acerca de esto?, ¿qué significaba?, ¿a dónde va todo este proceso?, ¿por qué me está pasando esto a mí? Aquí vamos de nuevo, toda una carga de preguntas, sin respuestas a la vista.

Al día siguiente regresé a la habitación 444. Edie estaba de nuevo sentada en la silla de ruedas junto a su cama. Agarré la única silla normal de la habitación (la llamé la silla de visitas) y me senté. Ella se veía igual que antes, confundida, pero alerta. —Hola, Edie. Soy yo, Jerry. Estuve ayer aquí. Nosotros hablamos, y yo vi las fotos de tu familia en la pared.

No respondió. Así fue por un tiempo. Yo hablaba, ella no. Sus ojos nunca me dejaron de seguir, aunque, en la tercera visita, aun no quiso hablar. Después de darle algunas ideas, caminé hacia ella, puse mi mano en su brazo derecho y le dije, —Edie, voy a regresar mañana, quieras o no. ¿Te puedo traer algo? A lo mejor, ¿una malteada de chocolate? —Ella asintió—. ¡A ha!, Houston. ¡Hicimos contacto!

En el transcurso de las siguientes semanas, yo le llevaba malteadas de chocolate que se tomaba, no por completo, pero lo suficiente para mí, para saber que aún había vida dentro de ella. Me tomó un tiempo conocerla, era como un rompecabezas y yo tenía que juntar las piezas.

Supe que Edie había nacido dentro de una grande y pobre familia en la pequeña aldea del Lago Stevens, a pocas millas del este de Everett, Washington. Sus papás se separaron cuando ella sólo era una niña pequeña. Ella sintió lo difícil de venir de una casa dividida y juró nunca ser pobre otra vez. Soñando con tener una vida mejor, trabajó a su manera mientras iba a la universidad y luego dio clases en la escuela; así ahorró su dinero para la aventura. Cuando ya había ganado lo suficiente dejó la pequeña aldea del Lago Stevens, se embarcó en el trasatlántico Matson, en 1930, y partió hacia el paraíso, una pequeña isla en medio del Océano Pacífico, Oahu.

Le dio clases a los niños que iban a bordo y el capitán del barco estaba tan impresionado con ella, que él siempre le pedía a Edie que cenara con él. Después de llegar a las islas hawaianas, empezó a dar clases en Honolulu. Ahí conoció y quedó perdidamente enamorada de un apuesto joven graduado de West Point, llamado Joe Carroll. El joven oficial también se enamoró de esta joven, vivaz, guapa, de cabello color rubio rojizo, y pronto comenzaron un nuevo camino, juntos. Viajaron por todo del mundo, disfrutando la vida, amándose y tiempo después forman una familia con varios hijos. Ellos eran parte de la generación que salvaron al mundo de la tiranía e hicieron brillar el mundo occidental, ofreciendo un sinfín de posibilidades para las generaciones futuras.

Donde su esposo fuera asignado, Edie siempre hizo que la vida valiera la pena vivirla. Siempre tan hermosa y con la luz a sus pies, ella adornaba la pista de baile con su elegancia. Ella reunía a las esposas y amantes de los demás oficiales para planear grandes noches de diversión y alegría. Edie estaba enamorada de la vida y la vivió al máximo, compartiendo su alegría con todos a su alrededor.

Fui capaz de llegar a Edie para que me contara sobre su vida haciéndole las principales preguntas sobre su pasado, como ¿cuál era el nombre de tu papá?, cuando tú eras una niña, ¿qué te dio el sentimiento de libertad?, ¿dónde creciste? Me contestaba lo que podía. Edie no pudo o no quiso recordar el nombre de su papá, pero sí me dijo que nadar en el Lago Stevens es donde se sintió viva, pudo disfrutarse y sentirse genuinamente feliz. De todas las ciudades donde ella y Joe vivieron, a ella le gusto más Alemania. Coleccionar antigüedades se volvió su pasión y Alemania tenía todo lo que ella había estado buscando.

Ahora, a los 93 años, Edie prácticamente había renunciado a todo. Su voluntad de vivir había muerto cuando su pareja de toda la vida murió a los 62 años, de la enfermedad de Alzheimer, sólo seis meses antes de que ella llegara a Park Regency. Nunca había sido su intención vivir sola, sin el coronel. Ella había vivido su vida con su príncipe y ahora que él se había ido, ella ya no quería estar sola nunca más. Estaba lista para la hora de su partida y continuar en un mejor lugar. Lo más agradable y hermoso que recuerda de la vida es la gracia, la dignidad, la elegancia, los bailes de salón, las fiestas, lujos y todo lo que envolvía a los bailes de militares, que tanto había disfrutado.

En dos ocasiones, mientras visitaba a Edie, algo fuera de lo ordinario sucedió. Una vez, mientras estábamos platicando, hizo un movimiento con el brazo derecho, como si estuviera empujando a alguien, sus cejas se encorvaron y ella le dijo algo a alguien que yo no podía ver. "No, ahora no, Lolly vete"; yo le pregunté quién era ella y Edie me contestó, "mi hermana". Eso sucedió una vez más. "No, ahora no, ¡yo no estoy lista todavía para irme"!, dijo enfáticamente. Pensé que era bastante divertido. Allí estaba ella, finalmente confiando en mí, lo suficiente como para hablar conmigo y su hermana que quería entrar en el acto.

Cuando más tarde revisé el paquete de información, para leer más de las observaciones del médico sobre la salud de Edie, vi que los médicos no habían encontrado rasgos de delirio o alucinaciones. Eso me regresó a mis sospechas de que Edie estaba, de hecho, conversando con su hermana.

Éste no es un escenario inusual. Yo he escuchado muchos reportes de voluntarios del hospital, que dicen que los pacientes que están cerca de la muerte, hablan con sus seres queridos que ya fallecieron, ángeles, Jesús o Dios. Parece que la familia cercana o los amigos que han muerto, vienen por ellos cuando ya están listos para hacer su transición de este mundo al siguiente. Y no sólo es eso; varios voluntarios del hospital han reportado que cuando ellos están con un paciente que está muriendo, han visto cómo el alma del paciente deja del cuerpo. Ellos dicen que parece como si algunas olas calientes se levantaran del pecho. Muchas personas han visto luces brillantes apareciendo en la habitación, en el momento en que alguien está muriendo o han visto o sentido ángeles al lado de la cama, incluyendo al Arcángel Miguel parado al pie de la cama. No es delirio o alucinación. Sí, Martha, sí hay vida después de la vida.

Edythe Carroll se convirtió para mí en mucho más que sólo una paciente del hospital. Ella también se volvió mi amiga; amaba las malteadas de chocolate que le llevaba y le gustaba hablar de los tiempos felices y de los lugares en los que había estado, de todo lo que le había dejado más satisfacción. La última vez que vi a Edie, ella se veía más cansada de lo habitual y un poco más agitada. A mi llegada, maniobró su silla de ruedas hacia un pequeño armario.

—¿Qué estás haciendo Edie?

—¡Estoy haciendo mis maletas! Respondió en un tono que sonaba como que yo debería saber lo que estaba haciendo y por qué lo estaba haciendo. Pero me agarró con la guardia abajo.

—¿A dónde vas a ir?

Su tono cambió. Era autoritario, sin embargo, sin la ira o frustración. —Me voy a casa. Ayúdame a hacer mis maletas. Me voy a ir de aquí, ya me quiero ir a casa, ahora.

Una semana después, con su amorosa familia reunida alrededor de su cama, Edie murió para encontrarse con el coronel.

Gracias Edie, por entrar en mi vida. Tú me enseñaste muchas cosas del amor y me recordaste que hay que ser humilde y que hay que apreciar la vida como venga. Tú me mostraste que no todas las vidas son libros abiertos; algunas son privadas. Algunas personas escogen compartir sus momentos tristes y felices, mientras otras escogen guardar recuerdos para ellos mismos. Tú me enseñaste que en la vida hay que ser honrado y que cada vida es un don precioso. Mi posición no es la de juzgar, sino la de ayudar a que las personas que se han perdido logren encontrar su propio camino a lo largo de sus trayectorias. Cada ruta es resplandeciente en su propia senda. Y de esa silla de ruedas de madera antigua, en la que Edie estaba sentada la primera vez que la conocí, en mi sueño, bueno, no creo que haya sido diferente a cualquier silla de ruedas utilizada en el trasatlántico de Matson en 1930.

## Atrapado entre dos mundos

Una joven pareja de veintitantos años entró a la tienda de la avenida cinco y se acercaron al mostrador donde yo estaba poniendo unos nuevos prendedores de ángeles en una rejilla.

—¿Tú eres Jerry? —Preguntó la joven dama. Cuando le dije que sí, ella dijo—: Mi nombre es Sonia y éste es mi amigo, Gary. Nosotros vivimos en Glendale y manejamos toda la mañana para llegar aquí. Me dijo tu nombre el amigo de un amigo. Ellos dicen que tú hablas con los ángeles.

Me miró por encima de mis gafas de lectura. Gary llevaba una playera blanca, jeans gastados y una gorra descolorida. Traía la barba como de una semana de larga, la piel clara y ojos oscuros, amplios y almendrados, la misma forma descrita en muchas pinturas del Arcángel Miguel. Puse el último de los prendedores en la rejilla, di la vuelta hacia el mostrador y le pregunté: "¿Cómo puedo servirles?

—Gary puede ver gente muerta, —Sonia dijo sin titubear—. Mis amigos dicen que tú podrías ayudarle. —Estreché la mano de Gary y de Sonia y me senté con ellos en el mostrador.

—No sé que puedo hacer, Gary, pero estoy aquí para escuchar. Cuando tú dices que ves gente muerta, ¿cómo es que se aparecen contigo?

—Ellos parecen reales, tan reales como tú y yo hablando aquí, pero ellos están muertos y ellos me piden ayuda. Una vez, cuando yo era sólo un chico que estaba creciendo en Oklahoma, vi a un soldado francés en un caballo. Me asusté. Estaba mirándome con ojos suplicantes, estiró una mano y me dijo, "ayúdame". No sabía qué hacer. Traté de decírselo a mis padres, pero ellos pensaron que estaba loco. —Los ojos de Gary empezaron a llorar, pero con valentía siguió con voz entrecortada.

—Tuve un buen amigo que tenía dieciocho años y su padre era dueño de una tienda de artículos deportivos. Yo le compré una escopeta a su padre y mi amigo quería que se la prestara un fin de semana. Me sentí inquieto al respecto, pero se la presté de todos modos. Se dio un tiro en la cara con ella. Aunque él murió hace años, todavía viene a mí y me pide ayuda y yo no sé qué hacer, ni qué decir. Cosas así me suceden todo el tiempo.

—¿Cuando esas cosas pasan y los que han muerto vienen a ti, tú los puedes ver, sentir y escuchar al mismo tiempo? —Le pregunté.

—Todo el tiempo, —dijo Gary, ajustándose la gorra.

—Guau, —dije—. Pero tú no viniste a decirme eso. Tengo el presentimiento que tú quieres saber por qué vienen a ti, y cómo puedes tratar esto de una manera más positiva.

Gary asintió con la cabeza. —Vienen a mí todo el tiempo, —repitió.

Le pregunté si le había contado a alguien más acerca de esto además de su novia. Hizo una pausa y miro hacia abajo, jalando la visera de la gorra. Luego me miró y dijo. —Traté de decírselo a mi mejor amigo, pero él también cree que estoy loco.

—Entiendo, —le dije—. Pero tú sabes que no estás loco, ¿no es así? Tú tienes un don. Tú naciste sabiendo otras cosas. Tú eres lo que algunas personas llaman un "Índigo". En otras palabras, tienes muchos problemas con la autoridad. Déjame adivinar, mantenerte en línea es un gran problema para ti. Casi siempre has visto una mejor manera de hacer las cosas. Haz tenido algunos problemas con tus papás. Los adultos mayores sólo dicen que estás loco porque no tienes tiempo para sus juegos tontos y para sus ideas estúpidas. ¿Estoy bien? Éstas son sólo algunas de las características que tienen los Índigos.

Sus ojos comenzaron a brotar de nuevo, diciéndome que tenía razón.

—No, Gary, tú no estás loco. Tú eres un hijo de Dios y todo es como debe de ser. Tú sólo eres muy sensible. Puedes entrar en un cuarto y saber inmediatamente si en ese lugar hubo algún pleito o no. Lo que quieres saber de mí, es una idea de cómo manejar todo esto que te está sucediendo.

—Sí. Me he cambiado de casa tres veces desde que llegue aquí, dos veces a casas y una vez a un condominio. Estoy en el condominio ahora y ése es un gran problema. Algunas veces me siento realmente asqueroso, —dijo, jalando la parte de enfrente de su camisa—, hay cosas pegajosas que pasan allí.

—Dime qué te ha sucedido en el condominio.

—Cuando miro la pecera, a veces veo un conjunto de ojos rojos al otro lado de ella, mirándome. Otra vez, estaba recostado en el sofá y sentía como si hubiera una gran discusión entre dos personas a ambos lados de mí y que uno de ellos me hubiera agarrado. Me sentía como si estuviera siendo arrastrado fuera de mi cuerpo. ¿Sabes a lo que me refiero? Como ese tipo de cosas hay muchas. Eso ha sucedido todo el tiempo en las casas donde he vivido, pero no tan seguido como en el condominio y me he sentido enojado o con miedo. No sé muy bien cómo explicarlo, —dijo, buscando las palabras adecuadas.

—Creo que estás haciendo un buen trabajo, Gary, —le aseguré—. De hecho, estoy muy orgulloso de ti. Tienes muchas agallas al venir con un perfecto desconocido y contarme tu historia de que ves espíritus a tu alrededor. Lo estás haciendo muy bien y todo va bien. También quieres saber lo que debes hacer, para ver estas cosas y tener estas experiencias sin sentir toda la negatividad.

Él me interrumpió. —Eso es. Es como si yo me quedara con todo puesto y luego me quedara impregnado con todo. No lo quiero. No sé qué hacer. Estoy cansado de esto. Algunas veces quisiera desaparecer, Y también quiero saber por qué estas personas vienen a mí. ¿Por qué no se van a donde se supone que se tienen que ir? Creo que eso es lo que estoy tratando de decir.

—Primero que nada, acerca de tu sensibilidad y de las cosas que estás sintiendo en el condominio. Es claro que estás agarrando la negatividad de las personas que han vivido ahí antes que tú.

—¡Oh, Dios mío!, estás en lo correcto, —dijo—. Eso es lo mismo que yo había estado pensando. Estar en el condominio es casi imposible para mí.

—Ahora bien, hay medios como James Van Praagh, —le dije—, quien habla de esas personas que mueren y que tienen miedo de ir hacia la luz. Ellos algunas veces están tan aterrados que sólo se quedan donde están. Algunos le llaman "limbo" y otros le llaman "purgatorio". No importa el nombre del lugar, esas personas están atascadas donde están. Los que vienen a ti lo hacen porque saben que tú tienes el don de verlos y escucharlos. Ellos no vienen a ti para asustarte, sino a pedirte ayuda. La mejor manera de ayudarlos es asegurándoles que lo mejor es que vayan a la luz. La luz es acerca del amor incondicional. Diles, Gary, que ellos no serán castigados o perjudicados. Ellos irán a un lugar de bondad, amor y serenidad. No se les hará ningún daño. Sólo tienes que decirles que se vayan.

—¡Hombre!, eso realmente me ayuda, Jerry. Esto era justo lo que estaba esperando escuchar.

—Sólo un par de cosas más para ti Gary. Tú recibes mensajes de tus ángeles cuando te estás bañando. Ahí es cuando tú estás en paz y estás fresco y listo para el día. Cuando te sales de bañar y te secas, es cuando los problemas empiezan, porque no sigues sus consejos. Ellos te hablan, tú escuchas y luego encoges los hombros, porque otros te dicen que estás loco. Gary, tú eres perfecto a los ojos de Dios.

—¿Cómo sabes todas esas cosas sobre mí?

—Tus ángeles me hablaron sobre ti, y me dijeron también otra cosa. Se supone que tú debes escribir sobre esto. Tienes que escribirlo todo y pronto tendrá la forma de un libro.

Se acercó y se puso su gorra con ambas manos, mientras Sonia le acariciaba suavemente el brazo como para tranquilizarlo.

—Acabo de escribir cuatro capítulos —dijo—. No sé cómo es que sabes tanto acerca de mí. Supongo que tú realmente hablas con los ángeles.

—Gary tú le puedes pedir a tus ángeles que te iluminen y aligeren tu carga, quitándote toda la negatividad y toda la culpa y el miedo de las personas que ves, porque tú lo absorbes todo y ahora quieres librarte de la pesadez de todo eso. Voy a llamar al arcángel Miguel ahora mismo, para colocar la luz blanca de su amor a tu alrededor, para que toda la negatividad y el miedo desaparezcan: *La única emoción que puede penetrar la burbuja es el amor, tanto interior como exteriormente. ¡Y así es!* De ahora en adelante, Gary, llama al arcángel Miguel cada vez que sientas que lo necesitas y él estará ahí.

Él traerá una legión de sus ángeles, tantos como tú quieras. Es lo que vas a hacer para no quedarte con todas las emociones dolorosas que son emitidas por ese tipo de espíritus. Esto es lo que tengo para ti, Gary.

Los ojos del joven lloraron de nuevo mientras se levantaba del banco espiritual.

—Haz hecho mucho por mí, —dijo—. Nunca tuve la oportunidad de conocer a mi abuelo. Él se fue al otro lado, pero me han dicho que era muy espiritual y que disfrutaba mucho tenerme cerca cuando yo era un bebé. Murió antes de que lo conociera, así que quisiera conectarme con él y siento que ahora puedo hacerlo.

Le extendí mi mano. Él la miró y dijo. —¿Puedo darte un abrazo? Tú realmente me has ayudado, Jerry. Yo no sé qué decirte.

Recibí su abrazo, le desee lo mejor y le pedí que regresara y me contara cómo le estaba yendo. Dijo que lo haría, y con una renovada confianza en su andar y con la comprensión en su corazón, él y Sonia salieron por la puerta hacia la avenida, agarrados de la mano.

# Capítulo 8

# Los ángeles me obligaron a hacerlo

Después de visitar a Edie, tenía que hacer todo el papeleo que me pedían en el hospital; preparar una copia para el personal de enfermería, y otra para la enfermera del hospital, y dar seguimiento telefónico. Un día, mientras yo estaba haciendo los reportes en la cafetería del Park Regency. Me di cuenta de que había una mujer solitaria sentada en una mesa. Se notaba que sus dientes habían desaparecido hace tiempo, aunque estaba mascando un chicle. Ella era gordita, afroamericana y yo supuse, que estaba alrededor de los ochenta años. Parecía despreocupada, y tenía su cabello corto, bien peinado, no muy rizado y con más de un toque de color gris, todavía se le veían ganas de vivir. Agarré mis papeles, me acerqué a su mesa y me senté frente a ella.

—Hola guapa, ¿cómo te va el día de hoy? —Al principio, sus ojos estaban medio cerrados, mirando hacia abajo, hacia la mesa vacía. Después, me miró y se rió, una linda risa silenciosa. Aún puedo ver su sonrisa sin dientes y su pecho saltar arriba y abajo.

—Hola, mi nombre es Lucille, —su nombre lo traía puesto en su vestido cerca de su hombro derecho.

—¿Cómo está la comida el día de hoy Lucille?, —le pregunté. Ella sonrió y se rió un poco, luego murmuró algo que no tenía ningún sentido. Dijo que la comida estaba bien, luego me comentó: —Si has estado casado durante algún tiempo seguro te han dicho lo mismo, "que no tiene sentido".

Conforme fueron pasando los días y las semanas, Lucille y yo nos hicimos buenos amigos. Después de visitar a Edie, yo iba a buscar a Lucille. Algunas veces la encontraba sentada en su silla de ruedas en el pasillo. En otras ocasiones, estaba en la cafetería o en el cuarto de actividades. Este cuarto de actividades es un lugar que tienen los asilos donde no pasa mucho, a excepción de la televisión, que siempre está presente, donde podemos ver a Vanna White moviéndose de izquierda a derecha, iluminando las vocales y las consonantes. Lucille donde estuviera, ella siempre estaba sola.

En una de nuestras visitas a la cafetería, Lucille y yo teníamos una de nuestras clásicas conversaciones. Ella hablaba, y yo sonreía y escuchaba. Luego yo hablaba y ella se reía. Éramos buenos amigos. Una de las asistentes del asilo, grande y en la segunda mitad de los treinta, estaba sentada junto a una ventana, como a unos treinta metros detrás de Lucille, frente a mí. De repente miró hacia donde estábamos, detuvo su mirada por primera vez en mí, cuando yo me senté con Lucille y llené mis papeles.

—Tú no puedes hablar con Lucille. Ha tenido un golpe y no le habla a nadie, —me dijo, con voz de dictador, y con una educación deplorable. Aparentemente porque Lucille no podía comenzar una conversación con alguien, la asistente pensaba que no podía hablar. Lucille me miró, me dio una preciosa sonrisa sin dientes y se rió.

—¿De verdad?, —le dije—. Porque, estamos teniendo una conversación muy agradable justo ahora, señorita, —la asistente contestó con una mirada parecida a la que hubiera hecho Osama Bin Laden si le hubieran practicado una operación de cambio de sexo; luego, lentamente se levantó, alejándose de la ventana y caminó hacia a la cocina.

Un domingo en la tarde, mientras estaba terminando el papeleo y conversando con Lucille en la cafetería, un señor como de cuarenta años y una joven como de 20 años, caminaron hacia la mesa donde estábamos sentados y se pararon detrás de mí. Me di la vuelta y los miré, entonces me di cuenta de que ellos eran parientes de Lucille. Él debía haber sido su hijo y ella su nieta. Ambos tenían una dura y sombría apariencia en su rostro. Su hijo se quedó mirándome, así que empujé mi silla hacia atrás, me paré y me presenté con ellos. Él no estaba muy contento y me sentí tan bienvenido como un flato en un elevador.

Me levanté y me cambié a una mesa redonda que estaba vacía en la esquina de la cafetería, para terminar mi reporte. Aunque no podía ayudar, eché un vistazo hacia la mesa de Lucille. Qué triste, nadie hablaba. Su sonrisa se había ido de su cara. No sólo nadie estaba sonriendo, sino que nadie estaba hablando. Los tres estaban mirando hacia abajo, como si no hubiera nadie enfrente de ellos.

Ver esa escena alrededor de la mesa de Lucille me hizo enojar. En mi corazón, yo sabía que no debía juzgar, aunque hice justo eso. Mi ego saltó hacia el frente y se proyectaba: ¿En qué clase de sociedad vivimos?, en la que nuestros hombres y mujeres mayores se han convertido en un gran dolor de cabeza. Bueno, ¿Qué no somos algo?

Definitivamente nosotros somos algo. Somos individuos únicos y tenemos diferentes cualidades, somos diferentes a todos los demás, y eso es una cosa muy buena. Cuando nosotros afirmamos lo bueno en otros, sin importar la edad o la condición en la que se encuentran, honramos sus cualidades y su vida. No parecía que el hijo y la nieta de Lucille supieran cómo hacer eso, aunque yo no podía culparlos. No se pueden copiar habilidades, tú las tienes o no; tú las enseñas o no.

Cuando alguien que amamos es afectado con una enfermedad debilitante y se le nota, se convierte en una persona totalmente diferente y ¿qué es lo que hacemos?, entrar en pánico, llorar, sentirnos tristes por nosotros mismos, sentirnos enojados con todos y ¿nos damos por vencidos?, ¿o tomamos los limones con la mano para nuestro ciclo de vida y hacemos limonada? Cada situación requiere de su propia y única respuesta. Supongo que no hay una manera absolutamente correcta para hacerle frente. Nosotros sólo podemos hacer lo mejor que podamos con lo que tenemos.

Y ahí es donde entran los ángeles.

Dios nos dio ángeles para que no estemos solos y para ayudarnos cuando nos sintamos confundidos. Ellos nos ayudarán en cada situación en la que nos encontremos. Todo lo que tenemos que hacer es llamarles y ellos intervendrán en nuestro nombre, en caminos que ni siquiera podemos imaginar. No sólo eso, ellos nos guían, y a veces nos golpean para ponernos en la dirección correcta; a veces para conocer nuestra propia necesidad, a veces para conocer la necesidad de otros, y a veces ambas.

¿Fue sólo una coincidencia que Lucille estuviera en la cafetería cuando yo estaba buscando un lugar tranquilo para llenar mi papeleo del hospital?, no, no es probable. De hecho, me pude haber sentado en cualquiera de las mesas. Había siempre más sillas que personas en esa gran estancia. No, los ángeles me obligaron a hacerlo.

Hay millones de Lucilles en casas, hospitales y asilos por todas partes. Ellos están sentados solos, esperando el tiempo pasar, porque tiempo es todo lo que tienen. El ego nos dice que hay que quedarnos alejados de los infortunados, alejados de la incertidumbre, evitar a la gente, lugares, y situaciones incómodas.

Los ángeles son una extensión del amor de Dios aquí en la tierra, es su trabajo señalarnos la dirección de aquellos que pueden usar un poco de ternura, de aquellos que son capaces de sentir y de aquellos que necesitan amor, alegría y felicidad, incluso si es sólo por unos instantes fugaces. Tú serás sorprendido de lo mágico que puede ser el toque gentil de una mano cálida o de una sonrisa agradable de una persona a otra.

Mientras las Lucilles del mundo tienen sólo tiempo de luchar, nosotros, por el otro lado, estamos llenos de ocupaciones. Si pudiéramos liberarnos a nosotros mismos, aunque sea por un momento, de nuestras propias ocupaciones, ir a un lugar donde esté una Lucille y gastar un poco de tiempo con él o ella, seremos recompensados de la manera que menos lo esperamos. *¡Vamos, hazlo!, es lo que Dios quiere que hagamos,* eso es lo que dicen los ángeles.

Te amo, Lucille. Sé que tu alma encontrará su camino a casa y encontrará el consuelo que desea ardientemente. Dentro de mi memoria, tú siempre estarás alegre, juguetona y llena de vida. Gracias por enseñarme el valor de ver el vaso medio lleno y no medio vacío. Te recordaré por siempre. Y gracias, al hospital, por ese trato especial que les das a los que lo necesitan. Nadie tiene que morir solo en la oscuridad de un cuarto, nunca más. Si no hubiera sido por el programa del hospital, yo no hubiera tenido la oportunidad de conocer a la amada Lucille en aquella mesa donde estaba sola.

## Dígalo fuerte, dígalo seguido

Marianne dio ligeramente un paseo dentro de la tienda y vino al mostrador, anunciando que había venido a pagar por adelantado una clase que nosotros estábamos impartiendo. Ella dijo que estaba interesada en una lectura, porque parecía estar estancada y estaba buscando dirección. Marianne también me compartió un sueño que tuvo dos semanas antes.

—Estaba acostada en una cama con muchos amigos, viendo el cielo azul, —dijo—. De pronto, una nube blanca muy tenue apareció en el cielo y comenzó a revolotear. La nube fue bajando ligeramente y comenzó a tomar la forma de las alas de un ángel. Mientras más se acercaba, más podía ver que las alas pertenecían a un ángel. El ángel se acercó suavemente y dijo: "Siempre estoy aquí para lo que tú me necesites".

—Marianne, ¿te dio algún nombre y podrías describirlo? —Le pregunté.

—Sí, dijo su nombre, "Della" y su rostro era pacífico y cariñoso.

—¿Conocías a las personas con las que estabas cuando el ángel apareció?

—Ésa es la parte graciosa, —dijo—. Yo los conocía, pero no de esta vida. Me refiero a que ninguno de ellos eran personas que conociera en mi día a día.

—¿Le contaste a alguien acerca del sueño?

—Sí, lo hice. Le conté a mi mamá y a mi hermana y me agradecieron por haberlo compartirlo con ellas.

En mi corazón, solté un fuerte "¡Así se hace!" para Marianne. Ya no tenemos que guardar silencio sobre nuestras experiencias con el mundo espiritual. No tenemos que mantenerlo en secreto.

A todos ustedes que han tenido, o van a tener encuentros con los ángeles o el mundo espiritual, les digo: El mundo está hambriento por la verdad, la verdad superior. Díganlo fuerte, díganlo seguido. Bienvenido a casa.

## Capítulo 9

# La dama de color lavanda

—"Oh, Pam...tuve otro de esos sueños.

Oh, —dijo, dejando un espacio entre líneas—. ¿Y ahora qué?"

Pam estaba ocupada, empacando nuestras maletas durante las primeras horas de la mañana. A sólo tres semanas del 9/11, nosotros íbamos a ir a Hawái y estábamos tratando de no pensar en el vuelo.

—No, no. Está bien, —le aseguré. Yo quería describirle el sueño a ella, para ayudarme a recordar de qué se trató, y así ayudarle a entender que algo extraño estaba pasando en mi mundo—. Es sólo que hoy vamos a ver a una dama vestida de color púrpura y lavanda. Ella tiene una abundante cabellera castaña, escondida bajo un gran sombrero de paja de ala ancha, color café claro, y está en una silla de ruedas. Así es como la vi en mi sueño, nosotros la veremos entrar detrás de mí, del lado izquierdo y ella se pasará al lado derecho y luego, fuera de nuestra vista.

—Bueno, ¿quién es ella y por qué va a entrar a nuestras vidas?, —preguntó Pam.

—¿Sabes?, yo no sé la respuesta de eso.

Así que empecé a garabatear los detalles del sueño, en un bloc de notas que dejé al lado de la cama, por si me despertaba recordando algún sueño particular. Han pasado dos años y medio desde que empecé a tener sueños de personas que yo todavía no había conocido, y esta era la tercera vez que ocurría.

—Estoy suponiendo que este sueño no es tanto para mí, sino que es una confirmación para ti, —le dije—. Es como si los ángeles estuvieran diciendo que es momento de incluir a Pamela en estas cosas.

Pam estaba empezando a perder la paciencia conmigo. —Eso es lindo, —dijo apurada—. Ahora, prepárate para que el taxista no tenga que tocar el claxon más de una vez para que nos apuremos.

—Sí cariño, —murmuré, bajando mi respiración en un leve intento de impedir sacarla de quicio. Yo siempre tengo la última palabra, aunque sea sólo el, "sí cariño".

—Oye, ¿dónde está la cámara? —Dije de repente, concentrado en las actividades del día.

—Está justo donde tú la dejaste anoche, en el cargador, ¡en la cocina! —por lo visto no estaba teniendo demasiado éxito, en mantener a Pam tranquila.

Acababa de comprar una cámara de video para grabar nuestras vacaciones en Maui y Oahu. Quería grabar a todos los pasajeros en la puerta de salida, mientras esperamos abordar el avión, por si nos estrellamos. Pensaba que si eso llegara a suceder, a lo mejor la cámara podría ser encontrada intacta para ser analizada y usada como evidencia. Porque toda el área de abordaje estaría grabada en esa cinta de video, las autoridades podrían verla y ser capaces de identificar a los terroristas. Entonces, yo, después de muerto, le daría la clave a la ciudad para atrapar a los maleantes y el Alcalde de Phoenix, en un discurso electoral, me abrazaría como un héroe por haber salvado a Phoenix de un desastre mayor.

Pronto nos encontramos en el aeropuerto de Sky Harbor en Phoenix, esperando nuestro vuelo a Maui. Llegamos a las 3:30 a.m., dos horas y media antes de nuestra salida programada a las 6 a.m., por las nuevas medidas de seguridad. Nosotros caminábamos alrededor de la terminal, medio despiertos, medio dormidos, hasta que una cafetería en el quiosco finalmente abrió a las 5 a.m. Me arrastré hasta él, tratando de quitarme el sueño de mis ojos, para enfocarme a la tarea de tomar un poco de cafeína.

Nos sentamos en la única mesa vacía, al lado de la gente que va hacia arriba y hacia abajo de la terminal. Le eché un ojo a nuestra puerta, mientras Pamela se sentaba, viéndome de frente, mirando sobre mis hombros, por el pasillo de la entrada principal, donde todos caminan hacia diferentes destinos.

Mientras se tomaba un vaso de leche y se comía un pan, Pamela disfrutaba viendo a otras personas desenvolverse en los viajes, yo también me trataba de tomar una taza de café cargado, bien caliente y un pan dulce de nuez con caramelo. En eso estábamos cuando Pamela tragó saliva y me dijo en voz alta. ¿Es ella?

Me di la vuelta hacia mi izquierda y miré sobre mi hombro para ver qué fue lo que vieron los ojos de Pamela, y ahí estaba, una mujer con pantalones morados y una blusa grande con flores lavanda, un sombrero de paja de ala ancha color café claro. Alguien la estaba empujando por todo el corredor en una silla de ruedas. De hecho, era la mujer de mi sueño.

Las preguntas se formularon rápidamente en mi mente: ¿Por qué está pasando esto?, ¿ella juega un papel importante en mi vida?, ¿en la vida de Pamela? ¿Nosotros entraremos a su vida?, y de todos modos ¿qué es toda esa lavanda?, ¿se supone que tengo que hacer algo más que fijarme en ella y preguntarme sobre los esquemas de colores? Muchas interrogantes, ninguna respuesta. Miramos a la mujer desaparecer en la multitud de la puerta, reflexionando justo sobre la magia que acabábamos de experimentar, terminamos nuestro desayuno. Los dos estábamos desconcertados y confundidos por la señal de la mujer de mi sueño. Más preguntas volaron en mi mente. ¿Cómo debo acercarme a ella?, ¿cuándo? Nos fuimos del quiosco, esperando que Dios lo resolviera y nos diera las respuestas.

Llegamos a nuestra puerta y encontramos el área llena de gente. Vimos dos lugares cerca de las ventanas grandes, a lo largo de la pared del fondo, nos sentamos y pusimos nuestro equipaje de mano al lado de nosotros.

—Mira a tu derecha —dijo Pamela con voz baja, pero con entusiasmo.

Ahí estaba ella, en su silla de ruedas, junto al hombre que estaba ayudándole, supuse que era su marido. ¿Debería de decir algo? Sí, claro, como si fuera tan fácil acercarme a ella y decir, "hola, bella dama. Te ves muy bien esta mañana de color morado y lavanda y con tu gran sombrero de paja. ¡Ah!, por cierto, estabas en mi sueño esta mañana. ¿De casualidad sabes por qué?"

Me imaginé siendo arrastrado hacia afuera del aeropuerto por guardias de seguridad y siendo interrogado, sentado en una fría silla de acero, en un oscuro cuarto estéril, con una luz de bulbo en el techo, a centímetros de mi cabeza. Mientras tanto, mi esposa sería cosa del pasado. Luego la encontraría en plena serenata con jóvenes hawaianos vestidos con faldas de hierba en la playa de Maui. Un joven le estaría ofreciendo bebidas con paraguas, bailando el "hulla, hulla", y ofreciéndole futas y pescado fresco servido en un plato de plata.

Forcé a mi mente a salir de ese escenario y a enfocar mi atención sobre el asunto en cuestión. Tal y como lo tenía planeado, saqué mi cámara de video, y grabé a todos en el área de abordaje. Tú sabes, sólo por si acaso.

Aterrizamos en la hermosa Isla de Maui y sentí la serenidad del paraíso. De ahí, volamos a Honolulu, para pasar un "aloja" relajado con días soleados en la palaya de Waikiki, antes de regresarnos a Lahaina, Maui, donde habíamos soñado con abrir un tipo de tienda algún día. Con sólo dos días que nos quedaban en la isla "paraíso", Pamela y yo descansábamos en un pequeño patio, afuera de la calle Front, llena de tiendas y boutiques. El árbol de higuera de Bengala que estaba en medio del patio les daba refugio con su sombra a los compradores acalorados. También nosotros tomamos un descanso de nuestras compras de recuerditos, soñamos sobre un lugar en la isla donde podríamos poner en marcha nuestro sueño de tener una tienda, y nos sentamos a saborear un cono de helado de chocolate.

Mientras saboreábamos el helado, vimos otra vez a la dama de color lavanda. Ella estaba sentada en una de las mesas del patio, con su esposo, tomando un refresco, con rodajas de piña en el borde del vaso. Parecían muy contentos uno con el otro, mirando todo el entorno. Limpié el helado de mis labios, sabía que tenía que decirle que la había visto en mi sueño la mañana de nuestro vuelo a Hawái. Estaba convencido de eso, como lo fueron los otros que he visto en mis sueños, ella también era una maestra y se suponía que yo tenía que aprender algo de ella. Ésta era mi oportunidad y yo no quería dejar que se pasara. Necesitaba escuchar lo que ella tenía que decir. Así que Pamela y yo movimos la cabeza y caminamos hacia su mesa.

Nos presentamos e iniciamos una pequeña plática. Ellos empezaron la conversación diciéndonos que se habían quedado en un tiempo compartido en la Gran Isla relajándose y disfrutando el caluroso sol, sintiendo la gentil brisa caer en sus cuerpos y viendo las impresionantes puestas de sol. Se podía pensar, por su tranquilidad y las actitudes tan relajadas que tenían, que ellos habían encontrado el espíritu "aloja" de Hawái y estaban más que felices de compartirla.

Entonces era mi turno. Yo empecé a contar la historia de mi sueño. Ambos, la mujer y su compañero, se sentaron relajados y escucharon con cortesía. Cuando terminé, la mujer miró de frente hacia la higuera de Bengala, hizo una pausa y dijo, "yo también creo en los ángeles".

¿Mencioné a los ángeles? Yo estaba seguro de que no lo había echo, simplemente le dije que la había visto en mi sueño, unas horas antes de verla en el aeropuerto. Así que Pamela y yo estábamos un poco desconcertados cuando ella mencionó que creía en los ángeles.

Eso fue básicamente todo lo que pasó en nuestro encuentro con la dama de color lavanda y su esposo. Ellos eran seguramente buenas personas, pero yo esperaba más información. Habíamos compartido nuestras experiencias y la belleza que habíamos encontrado en las islas hawaianas.

Les deseamos que estuvieran muy bien y ellos nos desearon lo mismo, Pamela y yo nos disculpamos y caminamos fuera del patio hacia la pequeña y concurrida calle principal de Lahaina. ¿Sobre qué fue este encuentro? Nosotros no lo sabíamos, pero estábamos seguros de que había algo más que esto, estábamos conscientes de que tal vez más tarde, algo acerca de los ángeles jugaría un papel en nuestras vidas. Por ahora, el sueño profético y el encuentro en el patio fue otro rompecabezas con una gran pieza perdida.

## Un saludo de amigos emplumados

Cruzando la calle y a unas cuantas tiendas de "Alas de Ángel", un caballero, que era de Irán, tiene una pequeña tienda de regalos "Native American" (Nativos Americanos) que abastece de *souvenirs* principalmente a los turistas que van caminando por la avenida. Durante los momentos tranquilos, a él le gusta sentarse en una silla, justo afuera de la puerta, y alimentar a las palomas. Supongo que por eso es que nunca vienen a mi lado de la calle.

Marzo es uno de los meses más ocupados del año, muchas personas caminan sobre la avenida y los automovilistas buscan un lugar para estacionarse. Mientras caminaba hacia la parte de enfrente de mi tienda, una tarde de marzo, me percaté de que había una paloma en medio de la calle, moviendo sus alas, tratando de ponerse derecho y pararse. No podía, y supe de inmediato que su espalda estaba rota.

Un hombre y una mujer que también caminaban por la calle, descubrieron a la paloma casi herida de muerte, el hombre la levantó con su pie y sin mayor cuidado la empujó hacia la acera. Aun estaba desesperada moviéndose y aleteando sus alas, en vano, tratando de pararse.

El instinto se hizo cargo y fui rápidamente a la parte de atrás de la tienda, agarré una caja de cartón y salí a la calle, para recoger a la paloma. Suavemente levanté su cuerpo roto, que estaba caliente y suave, la puse dentro de la caja y caminé de regreso a la tienda para ponerla en un lugar seguro, fuera de toda la actividad cotidiana. Ella estaba muriendo, yo simplemente la protegí para que pudiera tener un poco de paz en sus últimos minutos de vida.

Poco más de una hora después, había muerto, miré el reloj de la pared, eran las 4:44 pm y me reí porque pensé en las experiencias de Nick Bunick con el número 444. Cuando los ángeles intervienen en su vida, él es despertado exactamente a las 4:44 a.m. y lo mismo sus socios comerciales. Él dice que el 444 significa que los ángeles están cerca.

Caminé al frente de la tienda para echar un vistazo afuera y mis ojos no lo podían creer. En línea, paradas como soldados en la acera, habían nueve palomas formadas en forma de "V", todas de frente a la tienda. Sentí la piel de gallina en todo el cuerpo. Nunca antes había tenido ninguna paloma cerca de mi tienda, ni han vuelto de nuevo. Yo creo que era un saludo, fue su forma de darme las gracias por haber cuidado a una de ellas en el momento que lo necesitaba. Sentí la humildad.

Después de cerrar la tienda ese día, coloqué a la paloma en su lugar de descanso final, en un hoyo que había cavado por un viejo árbol de eucalipto cerca del patio. Le di gracias a Dios por la experiencia, que había validado la necesidad que todos tenemos de alcanzar y seguir nuestros instintos. Aprendí una vez más que el sólo hecho de escuchar los murmullos constantes de nuestro corazón, pueden ser el comienzo del cambio y la curación, de alejarnos conscientemente de nuestra propia elección para hacer la elección de la unidad, la afinidad y la participación en la creación de la realidad.

## Capítulo 10

# Háblame

Era el invierno mi descontento. Estaba en una esquina de Crossroads Drive, en medio del desierto, con muchas cosas en mi mente. Con cerca de veintinueve años bajo el cinturón de la compañía telefónica, tenía la esperanza de llegar a los treinta años de servicio antes de sumergirme en algo totalmente diferente. Pero con todo lo que había pasado en mi vida recientemente, estaba empezando a ponerme impaciente. ¿Podré completar mis treinta años de trabajo?, ¿eso quiero?

Mi maestro en el sueño Eddy Cooper, la discreta Edythe Carroll, la bella Lucille y la dama de color lavanda, permanecerán arraigados en el remolino de mi mente. Dios tiene su oído lleno de mis cosas todos los días, escuchándome en la mañana, tarde y hasta en la noche. Tuve dificultades para dormir y no podía dejar de orar. En su mayoría, eran preguntas y rezo para que me guíe, diciendo: —¿Qué debo hacer ahora? Ayúdame con el siguiente paso, por favor, y gracias por las oraciones contestadas.

Pamela y yo habíamos estado pensando acerca de cuáles podrían ser nuestros siguientes pasos. Habíamos jugado con la idea de abrir nuestra propia tienda desde hace varios años, y por casualidad nos enteramos de que las obras de dos artistas que a Pamela le gustaban, estaban siendo ofrecidas en galerías y que podían ser compradas como franquicias. El estilo de los dos pintores era muy diferente. Uno se llamaba a sí mismo "un pintor de luz" y el otro pintaba caprichos y pinturas tiernas de niños. Ambos tenían una larga lista de seguidores, compradores dedicados. Cuando nos enteramos de que cualquiera podía poseer una franquicia, aún nosotros, pensé: "Bueno, ahí está, una buena forma de salir de la compañía telefónica y hacer algo que llene de alegría la vida de las personas. Que mejor forma de vivir que darle felicidad a otros y estar contento haciéndolo."

Durante todos los años que hemos considerado tener nuestra propia tienda, sólo una cosa nos lo ha impedido: la falta de agallas. Teníamos miedo a lo desconocido, de hacer algo por nosotros mismos sin una ruta en el mapa, así que nunca sucedió. Empezamos a tener hijos a lo largo de nuestra vida de casados y la seguridad era la principal consideración al escoger nuestros trabajos. Así que nos quedamos en un trabajo seguro, pagando las cuentas, persiguiendo a los niños, y todo el tiempo soñando con tener nuestro propio negocio algún día.

Después de revisar los sitios de internet de los dos artistas y la información de la galería, decidimos seriamente considerar la apertura de una galería. Si la primera elección no funcionaba, siempre podríamos ir al plan dos, escoger otro artista. Le envié mil seiscientos dólares a la compañía que se encargaba de autorizar las franquicias de las galerías del artista y después pasé seis días en un hotel que pagué, para poder asistir a la universidad, a los "seis días del artista".

Una vez en la universidad, me empecé a preocupar por tres cosas, en primer lugar, las cinco personas que manejaban la oficina eran todas de diferentes orígenes étnicos, lo cual reflejaba una empresa aparentemente diversa y progresiva. Sin embargo, había algo que no me acababa de convencer y que me puso en alerta, aunque no podía asegurar de qué se trataba.

En segundo lugar, a mediados de la semana de clases, fuimos trasladados en autobuses a un pueblo cercano para visitar la fábrica donde se colocan las pinturas sobre los lienzos. Nos dijeron que no le llamáramos fábrica. Me di cuenta de algo en la planta que era muy diferente a la oficina. Todas las personas que trabajan en la línea de montaje, la construcción de los marcos y la aplicación de las imágenes a la tela, eran únicamente hispanos, la mayoría no hablaba inglés. Yo lo sé porque me aparté de nuestro grupo y hablé con algunos de los empleados en la línea de montaje. En contraste, cada uno de los gerentes era anglo. Cuando pregunté qué es lo que estábamos viendo, una pareja de nuestro grupo me regañó. Sin embargo, una campana estaba empezando a sonar dentro de mi cabeza, una que sonó como la campana de la escuela señalando el final de una sesión.

Mi tercera preocupación salió a relucir cuando fui a mi entrevista con el vicepresidente de la compañía el último día de escuela. Cada uno fue llamado a su oficina para una entrevista de acuerdo a la cantidad de dinero que cada miembro de la clase estaba dispuesto a poner en las franquicias. Cada uno de mis compañeros de clase ya habían tenido la entrevista con él y yo fui el último al que llamaron a su oficina. La empresa quería que cada persona fuera dueño de tres galerías, sin embargo yo sólo tenía el dinero suficiente para una.

La secretaria del vicepresidente me abrió la puerta y me señaló que entrara. Me senté del otro lado del gran escritorio de madera, color cereza, en una pequeña silla de vinilo. Él usaba un traje de tres piezas. Se sentó al borde de su enorme y exagerado sillón de cuero marrón, con sus antebrazos apoyados en el borde de la mesa, apretando sus manos cruzadas. Pensé que la "entrevista" iba bien, pero todo lo que él quería era hablar. Así que escuché.

Finalmente, me preguntó si yo tenía alguna pregunta. —Sí, tengo una pregunta. ¿Qué hace su compañía por la comunidad donde reside? —pregunté con un tono de preocupación. Él se movió lentamente lejos de su escritorio y se deslizó hacia atrás en su exagerada silla de cuero. El cuero hacia sonidos raros, mientras se empujaba hacia atrás. Después, se hundió más atrás en la silla y el sonido se volvió un quejido lento. Se sentó en silencio, lo que para mí fue una eternidad. Luego apartó sus ojos lejos de mí y miró a través de la ventana de enfrente de su oficina y luego regresó su vista hacia mí.

Dijo que el artista hizo dibujos para las grandes aperturas de sus galerías. —Así, el franquiciador puede tener una subasta y donar el dinero recaudado a la caridad, —dijo. La campana de la escuela estaba sonando más fuerte y más fuerte. Sentí como si mi cabeza estuviera a punto de explotar. Tomé un respiro profundo, me levanté, le di la mano, hice una cara como diciéndole "adiós" a la puerta número uno. Como los chicos del barrio dirían, "fui instruido". Apunté la experiencia como otra lección en el sistema de valores de la comercialización al por menor.

Con la puerta numero uno cerrada, decidimos revisar la posibilidad de comprar una galería para el pintor de los niños.

Yo le había estado haciendo preguntas por teléfono al gerente de negocios de esas galerías, Bob, tratando de revisar los detalles y haciéndole preguntas sobre cómo iniciar un negocio, incluyendo la búsqueda del lugar adecuado para nosotros y así poder abrir la galería. A veces parecía evasivo, pero yo seguí con determinación. Para mí, las cosas tenían que ser tan claras como el cristal y algunas de las palabras que Bob estaba usando en nuestras conversaciones, me parecían un poco confusas.

Entonces, aparentemente de la nada, las palabras estaban alrededor de que la compañía telefónica de Salt Lake City estaba buscando voluntarios. ¡Claro!, Yo sé qué es ser voluntario, pero ¿a qué se refiere la compañía telefónica? Ellos estaban buscando técnicos de teléfono que quisieran viajar a Salt Lake City, para trabajar en las sedes olímpicas. Nos darían el mismo salario, así como un subsidio para la alimentación, ya que tendríamos que quedarnos en pequeños hoteles. La compañía sólo nos traería a casa para Acción de Gracias y Navidad. Vaya, pensé, ¿no sería algo bueno trabajar en los Juegos Olímpicos? Aproveché la oportunidad. ¿A dónde me lleva mi voluntariado en este momento?

Planeaba traerme dos cosas conmigo a Salt Lake City para mantener mi ánimo arriba y que mis espíritus me ayudaran a encontrar el camino correcto, después de que terminara mi tiempo con la compañía telefónica. Uno de ellos era un mazo de cartas de Tarot. Cuando tengo una pregunta o necesidad, me pongo en un lugar tranquilo a meditar para quitar las pláticas de mi mente antes de hacer una pregunta. Luego yo barajo las cartas hasta que estén agrupadas y pegadas. Las pongo boca abajo, escojo el número de cartas que siento que están bien para mí y luego les doy la vuelta de una en una. Cada carta tiene un significado específico, un significado que puede ser diferente para cada persona.

Por ejemplo, si me sale una carta que dice "estudia", lo puedo interpretar en el sentido de que antes de saltar a algo, debo buscar todos los aspectos de lo que quiero hacer. Si en una carta leo "ideas e inspiración", me está diciendo que al universo le gustan mis ideas y es guiada por mi inspiración. Si la siguiente carta dice, "momento divino", me podrían estar diciendo que mi tiempo y el tiempo de Dios están en sincronía y que el momento de actuar es "ahora". Todo esto se hace con intuición y lo amo. La segunda cosa que planeaba traer conmigo era un nuevo libro que sirve para ayudar a las personas que necesitan dirección en sus vidas. Dirección es exactamente lo que necesito, junto con un mapa, un compás y alguien o algo que me diga cómo hacer uso de todo eso.

Ese algo estaba empezando a aparecer en la forma del nuevo amigo que encontré, la meditación. Empecé meditando en la mañana y luego justo antes de irme a dormir. En la meditación de las mañanas recientemente he comenzado a recibir golpes intuitivos que han resultado ser correctos. Al principio, estaba asombrado, después empezó a ser gracioso, y aún lo es.

En mis meditaciones, por ejemplo, yo visualizaría una luz blanca, que abarcara mi vehículo de trabajo para mantenerme seguro mientras conduzco hacia mi lugar de trabajo. Al día siguiente, miraría mi espejo retrovisor y no encontraría fila detrás de mí, mucho espacio entre mi auto y el auto de enfrente, y sin problemas de tráfico para los conductores en las calles cercanas. Me sentiría muy bien y le daría las gracias al Gran Espíritu por la protección que le había pedido.

Algunas veces, durante mi meditación, he solicitado una guía, y estaba empezando a recibir respuestas directas. No sólo podía escuchar las palabras, sino que podía sentir cada palabra en el fondo de mi ser: *Tú deberías de hacerlo en este momento. El mundo necesita compasión, amor, paz, esperanza y serenidad ahora más que nunca. Esto es lo que quieres, y esto es lo que Dios quiere que hagas.*

Yo aún no sabía exactamente cómo iba a darle todas esas cosas al mundo, o incluso a mí, ése es el asunto. ¿Será a través de una galería? Si es así, tendrá que ser con el segundo pintor, ya que la primera puerta de oportunidad había sido cerrada como una gruesa puerta de metal al final de un largo pasillo, haciéndose eco de una punta a la otra y viceversa. Sin embargo, en algún lugar dentro de mí, me quedé pensando en "una tienda". Encogí los hombros, como una idea que venía de mi propia mente, porque Pamela y yo hace años habíamos hablado de tener nuestra propia tienda.

*El mundo necesita compasión, amor, paz, esperanza y serenidad ahora más que nunca.* Esas palabras se quedaron flotando dentro de mi cabeza.

—Ok, Dios, háblame, —dije. Si se supone que debe suceder ahora, entonces ¿por qué no tengo claros mis siguientes pasos? Yo quería respuestas y un calendario, pero ninguna respuesta llegaba. Le comentaba a Pam que si la compañía telefónica ofreciera un incentivo para vivir un retiro a tiempo, podría ser más fácil seguir adelante con este "plan".

—Las compañías hacen eso para sus empleados muy de vez en cuando, Gerald, —dijo Pamela.

—Sí bueno, no esta empresa. Ellos prefieren vernos muertos y luego discutir sobre si procede o no pagar los beneficios de muerte, —añadí.

—Ahora, tú tienes que pensar positivo.

—Lo estoy. Yo soy positivo pero ¡así es como ellos piensan!

—Pero eso no es lo que tú has aprendido, y lo sabes.

—Tienes razón. Todo se hace en el tiempo de Dios. Ojalá Dios y yo pudiéramos sincronizar nuestros relojes. No saber qué va a pasar, ¡me está volviendo loco!

—Pues, así has estado antes, —murmuró.

—Oye, escuché eso.

—Bueno, inténtalo y permanece positivo, Gerald. Tú sólo tienes que ponerlo en manos de Dios, eso es todo, —dijo Pamela.

—Sí cariño.

Me entregué, por el momento, de todos modos. Me tomó un poco de tiempo, pero estaba aprendiendo que el tiempo y el tiempo de Dios, se encuentran en zonas diferentes. Las cosas no suceden a la hora de África Oriental, Central, la montaña o el Pacífico, o en cualquiera de las zonas de la tierra. Todo sucede en el tiempo de Dios.

En un día cálido y soleado, a finales de septiembre, Pamela me ayudó a empacar mis maletas para irme a Salt Lake City. Fue un momento agridulce. Ir a un lugar diferente y trabajar en algo nuevo por primera vez, era un reto para mí, pero dejar atrás a Pamela por meses, tocaba mis fibras sensibles. Con mis tres hijos en la universidad y yo en Utah, no sabía cómo iba a tomarlo. Aunque Pam era todo.

Mientras estaba sentado en el avión, esperando para despegar, metí la mano en el bolso para agarrar las cartas de Tarot y, lentamente, las barajé para ver si había algún mensaje sobre el piloto o copiloto de la cabina. Hasta entonces, sólo había utilizado las cartas de Tarot para hacer lecturas para mí, pero tenía curiosidad acerca de lo que estaba en la mente del piloto. —¿Qué tengo que perder?, —pensé—. Si funciona en mí, funcionará en cualquier persona. Después de barajar las cartas, las puse en la bandeja delante de mí. Pero tuve un presentimiento, un golpe, como yo lo llamo, que los pilotos estaban muy ocupados y sus ángeles no querían ningún tipo de interferencia. Así que no leí las cartas. Hay ética, tú sabes, y la privacidad es parte de ella.

Después tuve otro golpe de intuición, junto con una visión en el chakra de mi tercer ojo, la energía central que está debajo del puente de la nariz, entre las cejas, es el lugar donde podemos "ver" con nuestro sexto sentido. Le pregunté a un sobrecargo si alguno de los pilotos estaba contemplando retirarse en el futuro próximo. Ella nunca regreso hacia mí.

A la llegada, después de aterrizar en Salt Lake City, el piloto y el copiloto estaban saliendo de la cabina. Oí una voz desde mi interior diciendo: "Di tu verdad con amor". Obedecí. Hablé con el primer piloto que salió por la puerta de la cabina. —Algo me dice que has estado interesado en una propiedad en un país con altos pinos y una cabaña de madera, cerca de las montañas. Adelante, éste es el momento, —le dije—. Dios quiere lo hagas. La mandíbula del piloto, se le cayó al suelo. Agaché la cabeza, baje del avión y me perdí entre la multitud del aeropuerto.

Después de registrarme en mi nuevo domicilio, un hotel de dos pisos, con una pequeña piscina al aire libre, sin calefacción, en las afueras de Salt Lake City, le llamé a Pamela por teléfono para decirle que había llegado bien. —No está tan mal, —le dije—. Hay una pequeña cocina aquí, así que puedo ahorrar algo de dinero cocinando yo mismo, además de que hay dos Biblias en la habitación.

—¿Porque dos Biblias?, —preguntó.

Una para los Cristianos y otra para los Mormones, supongo. Te contaré tan pronto como pueda sobre lo que la sede olímpica tiene para mí.

En la solicitud de voluntarios que había llenado en Mesa, se nos preguntó cuál era el lugar en el que queríamos trabajar, como la competencia de patinaje sobre hielo, la cancha de baloncesto, la competencia de salto en esquí, etc. Yo había elegido el trineo en tubo y trineo ligero. La administración dijo que pusiéramos nuestra selección en orden de importancia y que los que tuvieran más antigüedad tenían más probabilidades de conseguir lo que habían pedido. Me sentía tan emocionado. ¡Qué manera de terminar mi carrera con la compañía telefónica! Yo había pasado de trabajar con el alambre de la antigua línea, la escalada y la eliminación de postes, que tenían sellos de 1909, a colocar el cable de fibra óptica. Para finalizar mi carrera en los Juegos Olímpicos, sería como la cereza sobre el pastel. No podía esperar a llegar allí.

A la mañana siguiente después de salir de mi cuarto, caminaba por el pasillo estrecho hacia el vestíbulo de la recepción. Sólo para llevar el registro, la recepción estaba del lado derecho. Otros técnicos que se habían ofrecido para trabajar, estaban de pie alrededor de las ollas de café y las donas, chicos y chicas de Iowa, Washington, Oregon, Nuevo México, Colorado, Dakota, Minnesota, Wyoming, Montana, Idaho y Arizona. Agarré una taza de café, mientras esperábamos para los paseos de las áreas designadas que rodean la ciudad.

Mientras respiraba el fuerte aroma del café, escuché el rumor de que algunos de nosotros no íbamos a estar en ningún lugar cerca de la villa Olímpica, como lo prometieron. No presté mucha atención. Estaba más interesado por conocer a mi equipo, al gerente y de ver los preciosos paisajes alrededor del pintoresco Salt Lake City, y además estaba pensando hablar con Bob sobre las posibles ubicaciones para la galería y los costos de inicio.

Empezó la orientación y yo me encontraba sentado en una mesa ovalada con otros veinticuatro novatos, recibiendo mapas y números telefónicos de varias oficinas de ayuda, gerentes y técnicos locales. En un momento de la orientación, uno de los gerentes que estaba en el salón me dio un fax, diciéndome, "que había llegado la noche anterior y que debía llamarlo tan pronto como fuera posible".

Estaba confundido. Si eso era tan importante y debía llamarlo tan pronto como fuera posible, ¿por qué me estaba enterando por un fax durante la orientación?

Rápidamente leí el fax, que era de mi gerente en Mesa, y que me daba una sorpresa. Mi petición al Universo había sido concedida. El fax decía, en parte, "la compañía telefónica le ofrece ahora la jubilación anticipada con una posible bonificación". Tan pronto como terminó la junta, llamé a mi gerente. Como de costumbre, los gerentes no tenían la información para nosotros, más que un número de teléfono del departamento de Recursos Humanos en la sede de Denver.

Genial, pensé. Aquí vamos de nuevo "la empresa está ofreciendo algo, tú hablas para eso y ellos no han escuchado sobre el tema. Corporación América". A veces pienso que ellos tienen acciones con los productos farmacéuticos, ya que ponen a sus trabajadores en tanto estrés innecesario, que los trabajadores necesitan medicamentos.

Más tarde, esa noche, la inesperada noticia se convirtió en mi mente, en una jaula de ardilla. Parecía como si hubiera dos ardillas allí persiguiéndose una a otra, corriendo, dando vueltas y vueltas, tratando de encontrar una salida. No podían. Entonces, mi cabeza se convirtió en una sala de reuniones, con todas las partes de mí, hablando al mismo tiempo. "Esto se debe hacer". "Eso se debe hacer". "¿Por qué no renuncias ahora?" "Pon a todos tus patos en una fila", "tienes que resolver las cosas con Bob de inmediato". "Va a encontrar una buena ubicación para tu galería", "mantente positivo". "¿Qué pasa con Bob? Algo anda mal, él no me está diciendo todo lo que necesito saber". "¿Por qué esperar?... ahora, entré en pánico". Así una y otra y otra vez.

Volví hacia el libro que había traído, *El deseo de tu corazón* por Sonia Choquette. Revisé el libro, luego lo puse de nuevo sobre la mesa. Ese libro es una guía para ayudar a la gente a encontrar los deseos de sus corazones y actuar sobre ellos. Sonia había llegado a Scottsdale el fin de semana inmediatamente después de la tragedia del 9/11 para llevar a cabo un taller. "La señora tiene agallas", yo había pensado, "volar desde Chicago a Phoenix inmediatamente después de ese ataque". Fui a escuchar su mensaje y a comprar una copia de su libro. El momento del taller parecía haber sido divino en lo que a mí respecta.

Las cartas de Tarot de Doreen Virtue, autora de *Sanación con los Ángeles* estaban en la mesa de café. Antes de que comenzara a barajar, meditaba sobre los ángeles y el amor de Dios y visualizaba a los seres con alas llevándome a través de los cielos y lejos de cualquier temor que pudiera tener. Una nube de color plata me envolvió de paz y calma. Minutos más tarde, mi mente empezó a aclararse. Barajé las cartas y puse cinco de ellas hacia abajo, una a la vez. Dejé el resto sobre la cubierta, miré las cartas que dejé ante mí y las leí.

Fue una de las más extrañas lecturas que había experimentado, un mensaje que era audible y visible. Podía oír las palabras afuera de mi cabeza y sentirlas adentro también, muy cerca de cada oído: *dos puertas se cerrarán y la tercera se abrirá. Camina con fe a través de ella.* Junto con este mensaje, recibí una imagen en mi chakra del tercer ojo. Fue como una película en cámara lenta, que era un poco el título en otra dimensión, como los primeros programas de televisión de Twilight Zone (La dimensión desconocida). A través de mi tercer ojo, pude ver un brazo extendido hasta la perilla de la primera puerta y luego de la segunda puerta, una a la vez. La primera y y la segunda puerta parecían estar hechas de madera oscura. El brazo en la visión tomó la perilla de las puertas y las cerró.

La tercera puerta se veía un poco más pequeña que las otras dos, casi como una ventana, y estaba entreabierta. La puerta también tenía diferente color y textura (parecía más brillante y dorada) y la perilla estaba invitando intensamente a ser agarrada. Lentamente, la puerta se abrió. Cuando mis ojos contemplaban la tercera puerta, una voz me dijo: "Camina con fe a través de ella".

No pensé mucho acerca de la visión, con excepción de que ambas parecían reales y surrealistas, al mismo tiempo. Antes de irme a la cama, le llamé a Pam, le conté sobre la lectura y la puse al tanto de los recientes eventos. La conversación fue terminada con emoción y miedo a lo desconocido. Como yo, ella estaba también un tanto emocionada y cautelosa de lo que nos depararía el futuro, sin embargo, ambos sabíamos que nuestras oraciones fueron respondidas.

Al día siguiente, la gerencia nos hizo sentar alrededor de una gran mesa ovalada para una teleconferencia. Fue ahí donde supimos formalmente que la compañía había tomado la decisión de ofrecer una emocionante jubilación anticipada, a los que la quisieran y un pequeño incentivo para arrancar. Yo estaba en éxtasis. ¡Era sólo el pequeño empujón por el que había estado orando! Ahora tenía la oportunidad de hacer algo con la galería de arte. Y gustoso llené los papeles para el retiro, pero con una condición. Estaba de acuerdo con retirarme, siempre que pudiera cumplir mi parte del acuerdo voluntario en Salt Lake City. Para mi sorpresa, después de algunas discusiones, los gerentes estuvieron de acuerdo.

Con estos nuevos cambios, Pamela y yo decidimos que era momento de contactar a Bob de inmediato, para hacerle saber que pronto estaría listo para abrir nuestra galería. No estábamos muy preocupados acerca de la ubicación, siempre que fuera rentable, y no en un país frío. Le llamé a Bob y le dejé un mensaje. También le marqué al estudio del artista, donde me dijeron que Bob estaba en proceso de cambiarse y que ellos le dirían que lo estaba tratando de contactar.

Mientras tanto, traté de permanecer concentrado en el trabajo que tenía, que no iba exactamente como estaba previsto. Al parecer nos habían traído a Salt Lake City con falsas promesas. Resultó que sólo un puñado de técnicos de las afueras de Utah fue asignado a los lugares altos en las montañas, cerca de la Villa Olímpica de Park City. El resto de nosotros, y éramos cientos, simplemente veníamos como relleno para los técnicos de alrededor de Salt Lake City. Nos habían engañado. No deberíamos de habernos sorprendido, supongo. Al menos sería una de las últimas mentiras que me diría la empresa en la que había trabajado durante tantos años. ¿Existirán los líderes corporativos dispuestos a pararse en sus propios pies y decir la verdad? A mí me parece que eso sería más fácil que estar de pie sobre la cabeza corporativa y decir una mentira, pero tal vez soy yo.

Al menos he sido asignado a los suburbios y a las zonas periféricas. Me gustó mucho más que estar pegado al trabajo en la ciudad propiamente dicho, dedicándole más tiempo al volante. Conduje cada mañana, desde el pequeño hotel que la empresa me había asignado, a los suburbios del norte. Todos los días le echaba una mirada a la ladera de la montaña de la ciudad, para ver la grandeza del templo Mormón. También se veía impresionante en la noche, todo iluminado. Me pareció como una versión americana de la Santa Sede.

Deseoso de hacer avanzar las cosas. Llamé a Bob y le dejé otro mensaje. Le llamé una y otra vez. Pasaron días en que no me regresó las llamadas y un nudo se estaba formando en mi estómago. Finalmente, un lunes en la mañana, después de semanas de silencio, ya no podía soportarlo más. Los pensamientos de retirarme, las llamadas telefónicas sin respuesta, estar en la carretera y lejos de mi familia durante meses me estaban agotando. La tensión se había estado construyendo lentamente dentro de mí y estaba listo para explotar. Mientras manejaba la interestatal 15, en mi camino al trabajo, a través de la ciudad, mi corazón estaba golpeando contra mi pecho. Miré a mi izquierda, vi el templo Mormón y mi paciencia explotó. Con las dos manos agarrando el volante tan fuerte como pude, grité desde la parte superior de mis pulmones.

—Ok, Dios, ¿qué demonios está pasando? Me quedé trabado, despotricando y conduciendo por la autopista.

—¿Por qué no habla éste payaso? —Grité—. Metí mis papeles de jubilación, he hecho todo este trabajo de pie y ¡no obtengo ninguna respuesta! ¡Ni afirmaciones tuyas! ¡Nada! ¡Todo lo que tengo es el silencio!, una puerta ya ha sido cerrada. Por favor, Dios, dame una respuesta, una señal, algo, pero la necesito ¡ahora!, ¿Es la galería de arte la decisión correcta? ¡Háblame, Dios! *¡Háblame!*

Sin soltar el volante en la posición de diez en punto y dos de la tarde, con la cara roja y las venas saliéndose de mi cuello de tanta fuerza con las que palpitaban, escuché el timbre del teléfono celular. Yo estaba respirando hondo para calmarme y para mantener el camión en un carril. —Hola, —dije entre jadeos—, habla Jerry.

Hubo una larga pausa antes de que escuchara una voz. Era Bob. Tomé un respiro profundo y dije: —Bob, he estado esperando volver a escuchar de usted. Metí mis papeles de jubilación y mi esposa y yo estamos deseosos de unirnos a su equipo.

De nuevo hubo una larga pausa y luego él habló.

—Bueno, Mr. Van Slyke, llamé para hacerle saber que hemos decidido llevar la obra de nuestro artista a un nuevo lugar.

Se me cayó la quijada. —¿Qué quieres decir?

—Sr. Van….

—Dime Jerry, Bob. Eso no sonó bien.

—Jerry, hemos decidido tomar su trabajo para llevarlo a los hogares de los posibles compradores e introducir el producto en un ambiente de fiesta.

—¿Qué pasó con las galerías? —le pregunté, confundido.

Bob continuó con su voz monótona, —Vamos a dejar las galerías que ya tenemos en existencia y nos concentraremos en el mercado interno y aquellos con las galerías serán capaces de aprovechar ambos mercados.

Estaba viendo en mi mente un hoyo negro extendiéndose profundamente dentro de un abismo negro. Me di cuenta una vez más que me habían dado una patada. Parecía como si el juego hubiera sido jugado antes de que yo llegara, pero yo no recuerdo haberme puesto un uniforme, ni ser voluntario. Presioné "fin" al teléfono celular, terminando la conversación con Bob. La puerta numero dos acababa de ser cerrada, en mi cara, como el golpe de un tiro de un disco de hockey.

Así que, ahí estaba yo, manejando a lo largo de la carretera en Utah, en mi camino al trabajo, listo para retirarme, sin un lugar a donde ir. Ocho pequeñas palabras entraron en mi cabeza, en medio de mis oídos: ¿Qué le voy a decir a mi esposa?

—Oh ¡Dios mío! —me dijo Pam cuando hablamos esa tarde.

—Bueno, ¡oh Dios mío! está en lo correcto, —dije. Por lo menos Dios respondió mis oraciones. Yo necesitaba una respuesta y simplemente no podía esperar más. Pamela hizo una pausa y su voz se suavizó. ¿Te acuerdas de los mensajes que me contaste que recibiste en tu lectura de cartas?

¡Oh, Dios!, claro. La imagen de la tercera puerta y el mensaje llegaron antes: dos puertas se cerrarán y la tercera se abrirá. Camina con fe a través de ella.

Es un concepto interesante, esta idea de la fe, la palabra usada tan a menudo, pero rara vez seguida. Sabía muy poco acerca de los negocios (y hasta ahora me he mantenido de esa manera), pero yo sabía que antes de meterse en algo así, como ser dueño de su propio negocio, hay ciertos factores que considerar, como la demografía, conseguir para el negocio asesores financieros y, posiblemente, un patrocinador, para ayudar a asegurar una oportunidad de inversión sólida. Quiero decir, no sólo agarras tus ahorros del banco, avientas el dinero al viento y dices, "yo creo en ti Dios. Confío en la fe que te tengo y en tu plan para mí". Cuando el mercado accionario se desplomó en un abismo negro a mediados de 1999 y entrando al 2000, tomé la mayor parte de los ahorros de mi vida, de la compañía telefónica. Que poco había dejado para mi nueva empresa.

El primero de febrero de ese año, fue mi último día en la compañía telefónica. Muchos de los técnicos habían sido enviados a Utah, yo incluido. Tanto para un simple trato. El día que me dijeron que me fuera a casa, renuncié. Después de casi treinta años, renuncié.

Era una sensación extraña caminar lejos de algo que tú habías conocido y habías hecho durante tanto tiempo, pero lo hice. Renuncié aun cuando había cuentas que pagar, incluyendo la hipoteca, múltiples pagos del coche, seguros, servicios públicos, y todo lo que es parte de la vida. Renuncié sin un lugar a donde ir y con todos mis planes de tener cautela hechos pedazos. Hay un viejo dicho que estaba empezando a creer: "Nosotros planeamos. Dios se ríe". Después de verme, pensé, seguramente el estómago de Dios le debe doler. Pero después dije, "Si Dios se estaba riendo, es porque sabía lo que estaba por venir".

# Di mi nombre

Un día, una viuda de setenta años entró a través de la puerta principal de Alas de Ángel. Su nombre era Merrill, y sus manos y pies estaban atormentados por la artritis. Sus articulaciones estaban tan hinchadas, que era difícil para mí no mirarlas. Sin embargo, Merrill estaba llena de ánimo, llena de vida y no se quejaba de su situación. Ella era un poco comunicativa y directa.

—Estoy buscando al arcángel San Miguel, ¿lo tienes por aquí en alguna parte? —preguntó.

En ese momento, yo tenía una estatua grande y cara del arcángel Miguel y algunos dijes. Ella compró un dije y me preguntó si tenía alguna información sobre Miguel.

El libro de Doreen Virtue *Arcángeles y maestros ascendidos* me estaba mirando a los ojos, desde los estantes cerca del mostrador, así que lo agarré. Rápidamente hojeando el índice, me encontré al arcángel Miguel en la página treinta y tres. La dejé leer acerca de él mientras recibía a los demás clientes en la tienda. Para cuando regresé con Merrill, ella estaba ocupada anotando la información sobre el arcángel. A medida que continuó escribiendo, me dijo que se había reunido con Miguel en sus sueños.

Merrill ha vivido sola en Scottsdale durante muchos años, en un edificio de condominios. Al principio, la mayoría de los otros que vivían allí, eran mujeres solteras como ella, pero en los últimos años, una continua transición tuvo lugar, hasta que se convirtió en el único miembro original allí. Ahora el edificio está lleno de familias jóvenes, que discuten y pelean. "La policía está en mi barrio, casi tanto como el cartero", explicó.

Durante varios años, Merrill ha pensado en mudarse a Santa Fe, Nuevo México, para estar más cerca de un par de amigos cercanos.

—Yo no soy de pedir consejos, —dijo—. Por lo general tomo el toro por los cuernos y enfrento la situación de frente. Sin embargo, últimamente, he estado pidiendo ayuda, para saber cuándo debo hacer el cambio. Quiero decir, yo no le he pedido consejo a nadie en particular, yo sólo pido ayuda en mi mente. Es por eso que estoy aquí.

Merrill confesó que recientemente ha tenido tres sueños donde el arcángel Miguel se le apareció. —En los sueños, siempre estoy sentada en un tronco, cerca de un hermoso río con pasto en todas partes. El pasto es tan alto, que suavemente se acuesta alrededor de donde me siento. Miguel es radiante. Tiene los ojos color azul profundo, que combinan con su túnica azul. Su cabello es dorado como el oro recién hilado. Su rostro es también dorado, sin marcas de manchas. Es tan hermoso. Sus ojos son suaves, pero penetrantes. ¡Él podía mirar a través de mí, físicamente, espiritualmente y en todos los sentidos! La última vez que me visitó, de nuevo se sentó en el tronco al lado mío, pero esta vez habló. Dijo. "Merrill, cuando me necesites, todo lo que tienes que hacer es decir mi nombre". Oh, te digo, cuando Miguel me miraba mientras hablaba, miraba a través de mí, me hizo sentir tan amada. Miguel es un hombre tan bello.

Unos días más tarde, Merrill volvió a aparecer en Alas de Ángel, con una mirada de seguridad en sus ojos. Ella vino a comprar el libro *Arcángeles y maestros ascendidos* y para decirme que había decidido irse a Santa Fe en cuanto encontrara un comprador para su condominio. —Miguel está conmigo, —me dijo—. Ahora, yo sé que nunca estaré sola.

## Capítulo 11

# Ángeles en la Quinta Avenida

Cuando Pamela y yo platicamos sobre nuestro futuro, los ángeles siempre salen en la conversación, aún antes de mudarnos a "Valle del Sol", Pamela había empezado a coleccionar ángeles y estaba interesada en las tiendas de los ángeles. En ocasiones, buscaba la manera de convencerme para que la acompañara, generalmente, invitándome a comer después. A través de los años, nosotros hemos sentido a los ángeles interviniendo en nuestras vidas, revelándonos su presencia, cuidándonos y manteniéndonos en el camino. Ahora, con la puerta numero uno y la puerta numero dos cerradas, empezamos a pensar en honrar a los ángeles, abriendo una tienda de ángeles. De esa manera, podríamos atraer la atención de tantas personas como sea posible hacia los ángeles. Mientras tanto, les pedí a los ángeles que me ayudaran a reconocer la tercera puerta.

Cerca del comienzo de nuestra búsqueda para encontrar el lugar adecuado para la galería de arte que teníamos planeado abrir, un asesor financiero de negocios que había elegido, nos mencionó que una pequeña ciudad sería lo ideal para nosotros, sobre todo porque no teníamos muchos fondos disponibles en ese momento. Él pensó que la pequeña ciudad histórica de Galena, en el noroeste de Illinois, cerca del río Mississippi sería el lugar ideal para nosotros. Sin embargo, no estábamos convencidos en ir ahí, porque Pamela y yo queríamos estar en un lugar cálido, donde pudiéramos ver el sol brillar, más seguido que en el Medio Oeste.

A pesar de eso, volamos un par de veces a visitar la pequeña ciudad de Galena. Aunque es sólo una ciudad de tres mil quinientas personas, más de ochocientas mil personas la visitan cada año. Los autobuses llegan repletos de gente de la zona de Chicago, de las Ciudades Gemelas de Minnesota y de zonas periféricas. Van a Galena, por tres razones: para hacer compras, comer y hacer compras. Luego se regresan en el autobús y se dirigen a casa.

La mayor parte del centro de Galena, se compone de edificios de ladrillo rojo construidos antes de 1900. El reclamo de Galena, es la fama de su conexión con Ulysses S. Grant, quien trabajaba allí, en la tienda de piel de su padre, como herrero. Algunos dicen que él no era el mejor herrero, sin embargo, dicen que era bastante bueno para beber whisky. A medida que entrabas en el distrito de compras de Galena del sur, podías ver lo que yo pensaba que eran dos grandes puertas verdes en ambos lados de la avenida. Mientras caminábamos por las calles, nos encontramos con una serie de fotografías antiguas, de hombres en botes, remando en su camino a través de la ciudad. Las "puertas", resulta que eran compuertas. Mi conjetura es que la ciudad había sido construida muy cerca del viejo Muddy.

Sin embargo, a pesar de eso, no dejamos de considerar Galena. En nuestra primera visita, encontramos un local muy bueno, justo en la calle de Main. Contactamos a los dueños y descubrimos que no sólo estaba disponible como tienda, sino que también había un departamento de tres recámaras, justo arriba, que podíamos rentar. ¡Imagínate bajar las escaleras para ir a trabajar! Aunque aún no estábamos listos para dar el paso, mantuvimos ese lugar, en la parte de atrás de nuestras mentes. Ahora que estaba libre de mi trabajo en la compañía telefónica, pensamos de nuevo en Galena. Si nuestro consejero financiero y de negocios nos había recomendado ese lugar para una galería de arte, ¿por qué no para una tienda de ángeles?

Habíamos considerado abrir una tienda en el área de Phoenix, donde ahora estábamos viviendo, pero los prospectos no eran buenos. Con tres tiendas de ángeles en el Valle de Phoenix, no pensamos que una más fuera muy viable. Imaginamos Scottsdale como un lugar ideal para nuestra tienda, pero una señora llamada Cathy ya era propietaria de una tienda de ángeles allí, "Alas de Ángel". Nos gustaba el nombre. Era una de esas tiendas que a Pamela le gustaba visitar cuando quería añadir algo a su colección de ángeles. Había algo acerca de esa tienda que nos hacía regresar a ella. Era un lindo local situado en un pequeño patio al lado de la principal calle comercial. Mientras Phoenix no parecía tener una apertura para nosotros, Galena, por el otro lado, no tenía aún una tienda exclusiva de ángeles.

—¿Qué tal Galena? —Finalmente, le dije a Pamela.

Su rostro se convirtió en la expresión de puchero de una niña. Con el labio inferior empujado hacia arriba y afuera, dijo, "no quiero regresar a una ciudad fría". Para ser honesto, yo tampoco estaba muy emocionado con esa idea, pero la oportunidad de negocio parecía buena.

Después de varios debates, Pamela consideró algo bueno de esa situación, que estaríamos a una hora de camino de algunos de sus familiares y viejos amigos.

—Vamos a llamar al propietario de la linda tienda que estaba bien ubicada, la que vimos el año pasado y veamos si está disponible ahora, —dijo. —Hecho, —le contesté. Saqué su número de teléfono y llamé a la dueña. El departamento aún estaba disponible, pero la tienda ya había sido rentada. Ella nos comentó de otras tiendas disponibles sobre la misma calle y dijo que deberíamos apurarnos a verlas, antes de que las rentaran. Esa noche Pamela reservó un vuelo a Chicago para que pudiéramos hacer nuestra búsqueda en Galena. Teníamos la reservación para irnos el 2 de marzo.

Un día antes de nuestra salida, Pamela estaba en su trabajo, —era asistente administrativa del director de Finley Farms, una escuela primaria en Gilbert— y yo estaba haciendo algunas compras de último minuto, antes de que voláramos a Illinois. Me encontraba cerca de la Quinta Avenida, en el centro de Scottsdale, cerca de la tienda de ángeles. Decidí pararme ahí porque le quería preguntar a Cathy acerca de los vendedores con los que hace negocios y Pamela quería que viera si tenía un ángel de caoba, para reemplazar al que se había caído de la televisión y que se le rompió un ala.

Mientras caminaba hacia la puerta de enfrente, Cathy estaba saliendo de su pequeño cuarto de lectura.

—Hola, mi nombre es Jerry. Ya había estado antes en la tienda y me preguntaba si me podrías ayudar, —tenía una mirada desconcertada en su rostro, como si estuviera estudiando el mío.

—Me voy a ir a vivir a Galena, Illinois.

—¿Galena? Interrumpió. Acabo de terminar una lectura con un hombre de Galena.

—Bueno, vine para preguntarte por el nombre de los vendedores y proveedores para tu tienda, porque vamos a abrir una tienda de ángeles en Galena. Y también quiero comprar un ángel para mi esposa.

—¿Por qué Galena?

—Porque tú tienes la única tienda de ángeles en la que estaríamos interesados.

Cathy cruzó las manos delante de ella y con calma, dijo, —Bueno, ¿sabías que estoy vendiendo mi tienda?

Mi mente se puso en blanco, mis ojos vidriosos y podía sentir cómo caía mi mandíbula en algún lugar de mi caja torácica.

Salí de la tienda y di vuelta en la esquina, donde estaba estacionado el coche. Me senté del lado del pasajero y llamé a Pam, todavía en estado de *shock*.

—Cariño, —le dije—, no creerás lo que acaba de pasar.

Cancelamos nuestro vuelo y exactamente un mes después, el 1 de abril del 2002, "Alas de Ángel" era nuestro. Yo había renunciado a la compañía telefónica el 1 de febrero, encontramos la tienda de ángeles en venta el 1 de marzo y fui propietario de la tienda el 1 de abril. Ambos estábamos contentísimos. No tuvimos que irnos a la ciudad fría de Galena y nos podíamos quedar aquí, en nuestra casa. La puerta número tres se abrió y nosotros caminamos con fe a través de ella. La lectura de ángeles que había hecho en el pequeño cuarto de hotel en Utah, no pudo haber sido más exacta.

Cathy me preguntó si se podía quedar a hacer las lecturas de ángeles con sus clientes, hasta que encontrara un lugar adecuado para continuar haciéndolas. "Claro que sí", le dije, y ella se quedó por un corto tiempo. Yo supe que Cathy tenía certificación para hacer las lecturas de ángeles, bajo el tutelaje de la Dra. Doreen Virtue. Le pregunté a Cathy si ella usaba las cartas del tarot y me contestó rápidamente, "Sólo si el cliente quiere que las use, o si los ángeles me dicen que las use". Mmm, pensé, los ángeles le hablan. Interesante. La gente llega a ella por intuición, así como van de la misma manera a leerse la palma de la mano y similares, con la excepción de que Cathy tiene entrada con los ángeles. Hasta nuestra conversación de ese día, yo no sabía de ninguna otra persona que hiciera lectura de ángeles de esa manera.

Sólo dos meses después de que nos mudamos a la tienda, se presentó otra oportunidad. Una tienda de muebles de México se movía cerca de un centro comercial. Su espacio, en la Quinta Avenida, era propiedad del mismo dueño que teníamos y no le veía ningún problema, en absoluto, a cambiar "Alas de Ángel" al local de la avenida. De hecho, él quería que la tienda se pasara para allá desde hace bastante tiempo, pero Cathy estaba contenta con mantenerla justo donde estaba.

Nos daba un poco de miedo ese movimiento. Nuestra renta sería de más del doble, y con nuestras finanzas limitadas, eso era muchísimo. Pero, fiel a la orientación angelical que había recibido en la lectura, tomamos el salto de fe. Al dejar ir y confiar en los "pequeños empujones del ángel", en julio ya estábamos en nuestra nueva ubicación. Durante el transcurso de esos dos meses, tuvimos que invertir mucho más de lo que habíamos planeado en remodelar el interior de la construcción, pero al final, funcionó. "Alas de Ángel" se veía más grande, brillante y más feliz que nunca. La reacción positiva de nuestros clientes ha sido y es gratificante. Nosotros queríamos crear un lugar donde las personas pudieran tener un sentimiento de paz, amor, esperanza y serenidad y que fueran capaces de quedarse con ese sentimiento especial cuando salieran de "Alas de Ángel".

Hay otra parte importante en la historia. Nuestra tienda tiene dos puertas. La puerta principal está localizada en la Quinta Avenida. La otra da justo al patio, al lado de la Avenida. Finalmente, entendimos el mensaje profético de la reunión con la dama vestida de color lavanda en Lahaina, dijo creer en los ángeles cuando nos sentamos con ella en un pequeño patio al lado de la calle principal.

Una mañana, poco después de abrir la tienda, una mujer joven entró cargando un paquete de volantes de colores. Ella era alta, con piernas largas y una falda corta. Su pelo rojo, que hacia juego con su blusa, hecha de un material de color naranja brillante de encaje, con matices azules claros y un toque de rojo. Ella se acercó al mostrador y me entregó un folleto.

—Mi nombre es Gina, y supongo que tú eres el nuevo dueño, —dijo.

—Sí, soy Jerry. Y tú ¿qué es lo que haces?

—Lectura de ángeles, —dijo en voz baja, pero con entusiasmo—. Estoy impartiendo un seminario de cómo conectarte con tus ángeles. Incluye meditaciones y enseñar a las personas a meditar y a contactarse con el espíritu, y vamos a practicar lecturas de ángeles.

—¿Cómo vas a practicar las lecturas de ángeles? —Le pregunté.

—Después de que guíe al grupo a la meditación, hablaré de cómo hago las lecturas. Después, voy a poner a todos en parejas y ellos practicarán unos con otros, —dijo.

—Suena genial, Gina —le dije— ¿dónde aprendiste como hacer las lecturas?

—¡Ah!, tomé el Curso Profesional de Terapia de Ángel, de Doreen Virtue, en Laguna Beach, —dijo con seguridad.

—Es increíble. Tienes agallas.

Me dio una muy buena impresión, y me gustó su apariencia y personalidad.

—Yo le daré los folletos a mis clientes —le dije. Y tomé varios de ellos y los puse en una rejilla de información, en la parte de enfrente de la tienda—. Regresa y dime cómo resultó, ¿va?

—Sí, regresaré, —dijo en forma natural. Sonrió, se dio la vuelta hacia la puerta y movió su mano diciendo adiós.

Para cuando Gina regresó, Pamela y yo habíamos hecho el cambio a la Quinta Avenida, a sólo pocos metros al este. Gina abrió la puerta del patio, caminaba en la mitad del camino y daba vueltas.

—Excelente, realmente me gusta lo que has hecho aquí. No sabía que te cambiarías, —dijo.

—Nosotros tampoco lo sabíamos, pero se presentó la oportunidad y no pudimos rechazarla. Todavía hay trabajo por hacer, pero vamos a hacer un hogar confortable para nuestros ángeles —dije—, estamos aún en proceso de poner la tienda en orden. ¿Cómo estuvo el seminario?

—Pues, yo esperaba que asistiera más gente, —dijo, con un suspiro.

—Entonces, ¿dónde haces tus lecturas de ángeles? —le pregunté.

—Ahorita las hago dos veces a la semana, en una pequeña *boutique* en el Norte de Scottsdale y también estoy buscando otro lugar.

La energía de Gina se sentía como si viniera directamente de su corazón.

—¿Te gustaría hacer lecturas de ángeles aquí Gina?

—Me encantaría, —dijo.

—Genial. Necesitaré ayuda para hacer un cuarto especial en la tienda para las lecturas y también un lugar donde la gente pueda sentarse y leer libros, publicaciones mensuales y revistas.

—No hay problema, —dijo Gina—. Yo estaré muy contenta de hacerlo por ti, y me gustaría bendecir esta tienda y todo lo que hay en ella.

—Trato hecho señorita, —le dije, sorprendiéndome un poco a mí mismo. Unos años antes, me hubiera encogido ante la idea de "bendecir" algo o alguien. Era demasiado fuerte hablar de la religión para mí. La oferta de Gina, sin embargo, se sentía dulce, de una manera pura, de una manera espiritual. Estaba dispuesta a hacerlo desde su corazón y sólo desde su corazón, era una idea refrescante, la bendición de alguien a nuestra tienda "Alas de Ángel", que no fuera un hombre vestido de negro, con cuello blanco y una mirada de "usted me pertenece" en los ojos. Llevé una fuente grande de color blanco, con dos grandes querubines hasta arriba (un regalo de nuestros tres hijos) y la coloqué cerca de una pared dentro de la tienda, a pocos metros de la entrada. Gina tuvo la genial idea de poner algunas piedras sobre la mesa que está junto a la fuente, para que la gente pudiera escoger una y la colocara en la fuente. Luego diseñó un cartel que decía: *Lanza la bendición a un ángel: Por favor toma una piedra y ofrece la bendición a un ángel en la fuente.*

Antes de ser dueño de la tienda de ángeles, un día, tuve una visión mientras meditaba, *un bol para oraciones*, en algún lugar dentro de la tienda que algún día sería mía. El bol para oraciones estaría ahí, para aquellos que necesitaran orar para sí mismos o para los que quisieran decir unas oraciones para sus amigos o seres queridos. Por lo que también creamos un bol para oraciones en "Alas de Ángel". Casi a diario, alguien le añadía una oración especial, desde su corazón, a ese bol, que además tiene un letrero que dice: *Todas las oraciones que fueron pedidas aquí, son oradas las veinticuatro horas del día.* Y efectivamente, todos los días, cualquiera de los dos, Pamela o yo, oramos por las intenciones que se han colocado en ese bol. También oramos por aquellos que se han tomado el tiempo de agregar sus oraciones al bol, pidiendo que ellos sean bendecidos con salud, bienestar y felicidad.

Con nuestra nueva fuente de ángel y bol para oraciones en su lugar, Gina, Pamela y yo tuvimos una tarde especial, donde caminamos por cada pulgada de la tienda, mientras Gina "sahumaba", (quemó hierbas especiales para borrar las energías bajas, tradición de un ritual sagrado derivado de un nativo americano) y bendijo todos los rincones de nuestra nueva pequeña esquina del Edén, en la Quinta Avenida.

Después festejamos el evento bebiendo *champagne* y escuchando música de ángeles. Hablamos acerca del efecto positivo de la tienda en las personas, tomando lo que nosotros hemos creado, y les dimos las gracias a los ángeles por su guía y amor, por habernos llevado a ese lugar y sabíamos que ellos tenían algo especial para esa tienda y para nosotros.

Gina se quedó con nosotros por varios meses, dando sus lecturas de ángeles y ayudando a mejorar la tienda. En los momentos tranquilos, de los días calurosos en el verano, la veía sentada con sus piernas cruzadas en la mesa de lectura, acariciando suavemente su cabello, barajando y dejando en la mesa las cartas de los ángeles, creadas por Doreen Virtue. Ocasionalmente, yo le pedía que me hiciera una lectura. Lo hacía gentilmente.

—¿Te molestaría si lo intento? —Le pregunte un día.

—Para nada. Tú vas a dar lecturas muy pronto —dijo, despreocupada.

—¿Lo hare? —dije, recordando la mini lectura sobre el retiro del piloto en Utah.

Ella me alentaba para seguir haciendo lecturas, y lo hice. Puse en práctica las lecturas y sólo dejaba que la energía fluyera. Barajo las cartas, hasta que se quedan agrupadas, dejo el mazo boca abajo y saco el número de cartas que yo siento que los ángeles quieren que escoja. Las coloco boca abajo en la mesa, una por una. Luego las volteo boca arriba, una por una, e intuyo el significado de cada carta.

Gina estaba sólo tres días a la semana en la tienda y yo quería una persona que leyera las cartas de los ángeles todos los días. Mientras buscaba a otra persona que leyera los ángeles, que hubiera participado en el Curso Profesional de Terapia de Ángel de Doreen Virtue, saqué el currículo que dejó un gentil hombre llamado Robert. Él tenía cabello castaño claro, media alrededor de 1.56cm, era delgado y tenía alrededor de treinta años. Me recordó mucho a Niles, el hermano de Frazier (una serie de televisión). Robert había estudiado con maestros con los que yo no estaba familiarizado, así que le pedí que me diera una lectura por teléfono primero, antes de considerarlo. Lo que más me convenció acerca de sus habilidades como lector, fue la respuesta que me dio sobre mi hija, Alicia.

—¿Tienes algo de información sobre mi hija? —le pregunté.

—Ella en estos momentos está en curación. Necesita más tiempo para que el área del estómago se cure.

Yo no le había dicho nada en ese momento sobre la salud de Alicia, pero de hecho, estaba recuperándose de una cirugía de emergencia que le tuvieron que hacer por la ruptura de un ovario, hacía dos semanas. Lo interrumpí a la mitad de la oración y le dije, "estás contratado".

Un día, cuando las cosas estaban tranquilas en la tienda, Robert estaba sentado en la mesa del cuarto de lecturas y yo estaba en el mostrador, haciendo inventario. De repente, tuve una corazonada, un golpe intuitivo, un mensaje, como quieras llamarle, *que yo debería leerle las cartas a Robert.* Dejé a un lado el catálogo con el que estaba trabajando y caminé hacia el cuarto de lecturas.

—Robert, ¿te molestaría si te leo las cartas? —Sus ojos se dispararon hacia mí, con una mirada de desconcierto. Medio riéndose, levantó sus brazos al aire, como entregándose, y me dijo: "Claro, ¿por qué no?"

Entonces, me senté del otro lado de la mesa, agarré el mazo de cartas de 44 ángeles y empecé a barajar. Mientras lo hacía, yo recibí otro golpe intuitivo: *En lugar de utilizar las cartas, sólo ponlas abajo en frente de ti y empieza a hablar acerca de cómo te sientes.*

Hablé durante unos veinte minutos. Robert se sentó en silencio. Después de que las palabras dejaron de salir, me detuve. La lectura ha terminado. Me quedé pasmado. ¿De dónde habían venido esas palabras?, lectores de cartas, sí, pero nunca lo había hecho sólo con mi instinto, o ¿así fue?, "¿sólo con mi instinto?", tan pronto como el pensamiento cruzó por mi mente, Robert habló.

—Eso fue realmente muy bueno, Jerry, —dijo—. ¡Qué curioso! Yo no sabía que tú podías leer.

—Yo tampoco.

No sabía que más decir. Además, tenía un cliente que me estaba esperando.

Después de ese día, Robert dejó la tienda, vendió su moto y se fue a la parada de autobús, en la carretera de Camelback, para continuar su viaje a casa. Una vez que llegó a casa, llamó de vuelta a la tienda. Dijo que no podía deshacerse de los mensajes de la lectura. Que lo habían tocado profundamente, y que quería reiterar su agradecimiento. Dijo que los mensajes le habían ayudado a enfocarse en lo positivo y dejar ir la negatividad de su vida.

Genial, pensé, pero esos mensajes no fueron mis palabras; ellas vinieron directamente del mundo de los Espíritus. Yo pude haber sido el conducto, pero, la verdad, ni siquiera me acuerdo de lo que había dicho unas horas antes. Ésa es la forma en la que aún sigue sucediéndome. Después de un rato, no recuerdo las lecturas...

Un día de verano, mientras Pamela también estaba en la tienda repasando los libros, alineando algunas figuritas de ángeles que vendemos, arreglando y limpiando, (la tienda necesita el toque de una mujer), alguien estaba entrando en "Alas de Ángel", Judy Peters, la coordinadora de duelo del Hospital de Arizona, con su esposo, John. Judy es también hipnoterapeuta.

Hubo grandes y afectuosos abrazos. Hablamos, nos pusimos al día, y después las lecturas de ángeles salieron en la conversación. Judy también ama a los ángeles. De hecho, siempre he pensado que ella es un ángel disfrazado.

—Doreen Virtue va a dar un Curso Profesional de Terapia de Ángel en Laguna Beach, en octubre, —mencionó Pamela. —Judy, ¿por qué no vas?

—Yo iré, si Jerry va, —contestó Judy.

—Bueno, —le respondí. No podía creer lo que acababa de responder. ¿En qué me he metido ahora?

El curso resultó ser una experiencia fantástica. Éramos 115 personas las que asistimos y yo era uno de sólo ocho hombres.

Cada día empezaba con una sesión de yoga, y nos daban comida vegetariana todos los días. Todos nosotros estábamos hambrientos de aprender cómo hacer las lecturas de ángeles, recibiendo mensajes de los ángeles. La Dra. Doreen Virtue era una maestra inspiradora. Practicamos haciéndonos lecturas unos a otros, cambiando parejas a cada rato. Para mi tercera sesión de práctica, mi pareja era un pequeño ángel terrestre de cabello negro, de Venezuela. El idioma inglés era su segunda lengua y ella me leyó primero. Inmediatamente vio un perro pequeño en donde yo vivo.

—Lo siento, —le dije—. Nosotros no tenemos perro en nuestra casa. Tenemos un viejo Stanley, que es un gato pulguiento de granja que tiene dieciséis años.

Tenía una mirada de determinación en su rostro, mientras seguía hablando. —Sí, tú tienes un perro en tu vida, un perro pequeño con pelo rizado y su nombre es "Pique, o Piqway", o algo así, —dijo.

—Bueno, yo no tengo un perro, espera un segundo. ¡Sí lo tengo! Mi hija tiene un cachorrito que se llama Pixie, —dije. ¡Fascinante!, pensé, simplemente fascinante. Aquí está una mujer de un país extranjero, que habla una lengua extranjera, sentada con alguien que nunca antes había visto, y podía verme y darme el nombre del perro que acababa de entrar en mi vida, unos días antes de que viniera a Laguna Beach. Dudé de ella, pero todo lo que ella sabía, era lo correcto. Ella sabía que los ángeles no mienten. Ahora yo también sabía eso. *Los ángeles nunca mienten*. Podemos olvidar o elegir no recordar, pero los ángeles saben. Los ángeles siempre saben.

Al principio, durante el curso, se nos dio una misión. Teníamos que pensar en todas las cosas en nuestra vida, de las que estábamos cansados o que queríamos deshacernos; cosas que nos impedían caminar hacia el espíritu, llegar a nuestro yo superior, como los viejos hábitos o patrones de pensamiento negativo, y que las escribiéramos en un pedazo de papel. En la clase nos dijeron que teníamos que ir a la playa a recoger algo como un pequeño palo, piedra o concha. Teníamos que tomar el papel en donde habíamos escrito nuestras intenciones, envolverlo alrededor del objeto y ponerlo cerca de nosotros. Algunos lo colocaron en su mesa de noche, otros se lo pusieron en sus bolsillos o los llevaban junto a ellos durante todo el día. Yo puse el mío bajo la almohada.

La ultima tarde del curso, participamos en una ceremonia de "liberación". En la playa, recolectamos los papeles para quemarlos en la hoguera, marchamos en la ceremonia, al son de los redobles de los tambores, hacia la orilla del agua y arrojamos las piedras al mar; simbólicamente, esas piedras eran lo que nos sostenía a los viejos patrones, que ya no nos estaban sirviendo. Era una señal para decirnos, que ya estaríamos libres para siempre de los pensamientos que nos habían apartado de una dirección más espiritual, "ahora" lejos del ego (el yo inferior).

Ese curso me dio la seguridad de continuar por el camino que me habían mostrado, el camino que los ángeles querían que yo caminara. Jamás hubiéramos pensado que estaría dando lecturas de ángeles, y que todo tipo de gente iría a buscarme: jóvenes y ancianos; hombres y mujeres, médicos, consejeros, religiosas, profesionales, cualquier persona buscando asesoría o buscando mensajes de sus propios ángeles, o incluso de sus seres queridos que ya han muerto. Quién hubiera adivinado que yo estaría ayudando a otras personas a liberarse de sus miedos, a abrirse a su origen, cualquiera que sea el nombre que ellos utilicen, y a acercarse a los ángeles.

# Una caída dentro del conocimiento

Jillian entró a la tienda buscando el dije de un ángel para usarlo como insignia. Mientras hizo sus compras, me preguntó si yo creía en los ángeles. Moví la cabeza diciendo que sí y le dije que muchos de mis clientes también, y que algunas veces ellos me cuentan las historias sobre sus encuentros con los ángeles. Así ella empezó a decirme la suya.

Jillian tuvo una experiencia cercana a la muerte cuando se cayó de su caballo, en Nuevo México. Era un sendero con muchas piedras, e inmediatamente fue hacia la luz. Le dieron información a través de lo que ella llama, "comunicación iluminada", sobre la manera de vivir, su propósito aquí y cómo debemos amarnos unos a otros. Jillian también recibió información de la reencarnación y aprendió que el reino angelical es verdaderamente una parte de Dios. Me dijo, con un poco de tristeza en su voz, que desde su accidente, su familia y amigos se han distanciado de ella, como si ya no encajara con ellos.

—En realidad, —le dije, mirándola a los ojos—, ha ocurrido todo lo contrario. Ellos no encajan contigo. Tú te has movido, más allá de ellos, de sus puntos de vista y de su comprensión. Ya no saben cómo relacionarse contigo. En realidad, ellos se han distanciado de lo desconocido. No tengas miedo. Confía en ti misma y los movimientos de baile dentro de tu corazón. No dudes, sin embargo deja ir el miedo. Al final, tú debes buscar continuamente la paz. A través de esa puerta, encontrarás la meta: el amor.

Los ojos de Jillian brillaron. Levantó su cabeza, me miró a los ojos y dijo —eso es lo que yo también pienso. Yo nunca creí que escucharía mis propios pensamientos hablarme de nuevo. Voy a cuidarme a mí misma y a dar gracias por mi tiempo de amor en esta estrella brillante.

Ella me dio las gracias, y me dio un gran y cálido abrazo. Luego se volteó y, con orgullo y confianza en su caminar, salió de "Alas de Ángel".

## Capítulo 12

# Lecturas de ángeles

Cuando ves la televisión, películas o lees el periódico, mucho de eso es sobre el ego, nuestro "yo inferior", y el factor miedo. Por el otro lado, en el reino angelical y el mundo espiritual, todo está vibrando y activándose en una frecuencia mayor, y todo ahí, dentro del yo superior, es armonía, libre del ego. Mientras nosotros parecemos estar obsesionados con el miedo, hasta miedo tenemos del mundo espiritual, de Dios y los ángeles, ellos sólo tienen amor incondicional para nosotros. El amor no puede ser envenenado, diluido, alterado o cortado a la mitad. Entonces, no puede haber miedo cuando el amor es todo lo que hay. Desde que esto es cierto, ¿por qué deberíamos nosotros de tenerle miedo a Dios, a los ángeles o al Espíritu?

En ocasiones, a las personas que se paran en "Alas de Ángel", les quito el miedo que les veo. Desde que cambiamos la tienda a la parte de arriba de la avenida, en el corazón del centro de Scottsdale, muchos vacacionistas, turistas, locales, y tipos retirados, caminan de arriba hacia abajo tranquilamente por las calles. Muchos vagan sin saber qué esperar. A la mayoría de las personas les gusta la tienda y nos lo dicen directamente. A los que no les importan los ángeles, o mejor dicho, aquellos que les temen a los ángeles, corren rápidamente hacia afuera, más rápido de lo que entraron.

Un día, por ejemplo, entró una pareja mayor; la esposa de cabello plateado iba hasta adelante y su esposo detrás de ella. La mujer se detuvo y a través de sus lentes miró la tienda de arriba a abajo, de atrás a adelante, los pasillos y las paredes. Después, le hizo una cara a su esposo, y le dijo, "¡Todo es de ángeles Harold!, ¡Vámonos de aquí!" Y así, ellos se fueron. Franklin Delano Roosevelt, dijo en su toma de posesión en 1933. "La única cosa a la que le debemos tener miedo, es al miedo mismo".

Otros que vienen a "Alas de Ángel" son hipnotizados por la relajada música de meditación y la ambientación de la tienda. Otros paran sólo para estar en un lugar seguro, fuera de todo lo que no tiene sentido "en el mundo real", como dicen ellos. Algunos caminan a través de la puerta sólo para poder estar en el aire acondicionado por un momento y luego se dan cuenta de donde están; otros quieren cambio de un dólar, para ponerla en la máquina de bebidas que hay en los diferentes puntos, alrededor de la Vieja Ciudad. Lo que sea que atraiga a los visitantes a nuestras puertas y a nuestros corazones, yo estoy en paz y feliz.

Claro que yo también tuve que lidiar con el factor miedo, especialmente cuando empecé a hacer las lecturas de ángeles por mi cuenta. Al ego no le gusta cuando está perdiendo el control y nosotros estamos más en tono con nuestro "yo superior", el Dios que reside dentro de nosotros mismos. Hubo momentos, al principio, cuando estaba preocupado por el hecho de que me sentara a hacer una lectura y no pasara nada, en que dudé de mí mismo. Mi mente estaría presionada y me encontraría pensando, "¿yo estoy haciendo todo esto?" Pero cada lectura viene de mi yo superior, y los ángeles están siempre ahí para darme estímulo y fuerza, para expandir sus alas del conocimiento y amor, para traer sus mensajes a mis clientes. Ellos son tan amorosos, tan cariñosos. Como le explico a mis clientes, los ángeles son los brazos y las manos de Dios. Ellos hacen el trabajo de Dios aquí en la tierra.

Después de trabajar el factor miedo, las lecturas se volvieron algo natural para mí, siempre me preparo con un ritual que me ayuda a hacer conexión. Prefiero meditar por lo menos media hora antes de que lleguen las personas a su cita para la lectura. Si he programado dos, tres o más lecturas seguidas, antes de cada lectura yo llamo al arcángel Miguel para que limpie mis chakras. Empiezo cada lectura pidiéndole a Miguel que esté presente y que quite toda la negatividad y ego basado en el pensamiento. También invito al Espíritu Santo para que esté con nosotros, para garantizar la claridad de los mensajes que transfieren los ángeles de mis clientes a mis ángeles, y mis ángeles a mí. Cuando empecé a dar sesiones de ángeles a mis clientes, me gustaba entrar al pequeño café que está detrás de la tienda, en el centro del patio Kiva, y la primera vez, la mujer que atendía mientras me hacía un café doble, me dijo que cuando entré me había visto con un hombre alto. Luego, en un abrir y cerrar de ojos, había desaparecido. Esto me pasó más de una vez y con diferentes personas de la cafetería. Me gusta pensar que era Miguel el que estaba a mi lado.

Miguel ha sido absolutamente magnífico para mí. Él nunca me ha dejado caer. Él me permite relajarme, tener confianza y claridad para transmitir los mensajes que los ángeles quieren que cada persona escuche. Su presencia también pone a los clientes cómodos, creando un ambiente que nutre y una mayor recepción.

Las sesiones de terapia de ángeles son tan variadas, como los clientes que vienen a recibirlas. Muchas veces recibo mensajes de los ángeles, guías, maestros ascendidos o de sus seres queridos que han muerto. Esos mensajeros, todos me parecen como negativos de fotos. Cuando los maestros ascendidos como la Madre María, Kuan Yin, Buddha, Krishna, María Magdalena y Jesús se presentan, un profundo silencio de amor llena el cuarto. Además también veo lo negativo, también siento la presencia de estos seres espirituales y veo lo que yo describo como su forma de energía. La forma de la energía es redonda, del tamaño de una pelota de baloncesto, pero no rígida. Siempre está rotando y parece como una bola brillante de muchos colores.

Cuando estoy haciendo una lectura de ángeles, a veces también veo símbolos. Yo no sé qué es lo que representan, pero siempre significan algo para mi cliente. Les digo que esto a veces sucede, para que puedan estar conscientes de ello. Durante una sesión, por ejemplo, yo vi una veta de plata y cuando se lo dije a mi cliente, ella dijo. "ah, es mi abuelo. Él tenía el cabello blanco y se movía rápido, así es que su apodo era veta de plata". En otra sesión, una cuchara apareció enfrente de mí, justo en mi chakra del tercer ojo, y la joven dama que era mi cliente dijo, "ésa debe ser mi abuela, la amaba mucho y ella prácticamente me crió cuando yo era una niña. Y siento su presencia muy seguido".

Como dije antes, yo pocas veces recuerdo lo que sucede durante las lecturas, aunque algunas están permanentemente grabadas en mi memoria. Por ejemplo, recuerdo la primera lectura que di, ya como Terapeuta de Ángeles Certificado, éste es el título para alguien que acaba de terminar el curso profesional de Terapia de Ángeles de la Dra. Doreen Virtue. La lectura fue para un hombre que estaba alrededor de los cincuenta años. El caballero entró con su novia y quiso que ella también estuviera presente en la lectura. A mí no me importó, pero al mismo tiempo le dije que yo paso la información que recibo, independientemente de lo que los ángeles tengan que ofrecer. Los mensajes, le dije, serían específicamente para él, para su curación y orientación. Él aún así quiso a su novia ahí. El hombre no hizo ninguna pregunta en específico, todo lo que quería de mí, era ver qué es lo que yo podía decirle de él mismo. Justo una prueba, pensé, y continúe. En cuanto la sesión empezó, le pedí que tomara unos respiros profundos conmigo. Le dije, "inhala el espíritu de los ángeles y exhala todas las toxinas". Después le llamé al arcángel Miguel y al Espíritu Santo para la claridad de los mensajes de sus ángeles a los míos, la lectura empezó. Yo intuía lo que le querían transmitir sus ángeles a él, que era un curandero y que cuando él era un hombre más joven, había estado en Vietnam, en un traje de la Marina. El hombre movió la cabeza en forma negativa. Qué raro, pensé. Los ángeles siempre me dicen la verdad, hasta ahora él estaba negando que esto fuera cierto. Los ángeles, continúe y empecé a hablar, me dijeron que era un observador, una persona que le gustaba mirar, lo que me llevó un poco a casi empezar a reír. Yo no sabía exactamente cómo tomarlo o interpretarlo, especialmente con su novia sentada a su lado. La lectura era para abrirme los ojos. Su novia estaba sentada justo ahí, y aun los ángeles no se contenían en nada. Cuando le dije al hombre que estaba en caminos cruzados en su vida y que él era un "observador de personas", un estudiante de personas y situaciones (que es como lo dije), se puso nervioso. Ya había pasado la media hora que había pedido y estábamos de acuerdo en terminar la sesión. Inmediatamente después de la sesión, el hombre me dijo que él había sido quiropráctico, pero que había dejado ese campo. Él ahora tenía suficiente dinero para no tener que trabajar nunca más y estaba feliz viajando, pero que se sentía obligado a ayudar a los demás de alguna manera. Luego empezó a explicar que de hecho, sí había estado en Vietnam, como los ángeles me dijeron. Pero como un médico que estaba conectado a una unidad de marina. Que él estuvo en una ocasión como médico y luego como quiropráctico, pero que nunca se había visto como un curandero. Todo lo que pude pensar en ese momento fueron tres cosas: las personas a veces simplemente olvidan, están en negación y los ángeles nunca mienten.

Desde que empecé con las lecturas, hace unos años, María, la madre de Jesús, se ha aparecido en pocas ocasiones durante las sesiones. No importa si el cliente está solo conmigo o sus amigos están en el cuarto. María usualmente se ve del lado derecho de su cara, en cuclillas y rezando. Cuando María está presente, en el cuarto se percibe un sentimiento especial que invade toda la habitación. Puedo ser muy consciente de mi respiración y siento como si estuviera parcialmente fuera de mi cuerpo y rodeado por la luz y el amor puro de Dios. Es una experiencia tan profunda y querida, que los vellos de mis brazos se me levantan y se me pone la carne de gallina. Las lecturas con María también son diferentes de otras lecturas, donde mi cliente usualmente nota un aroma especial. El cliente seguido me dice de los diferentes aromas de rosas en el cuarto.

Parte del mensaje que María siempre les dice a los clientes es que ella sabe y entiende su dolor, su angustia y el sentimiento que tienen arrastrando dentro de sí mismos, en un esfuerzo de olvidar lo que les ha pasado. En casi todos los casos donde María ha estado, con solo una excepción, el cliente había perdido a un hijo por un accidente, enfermedad o por aborto. A María no le importa como haya muerto un niño, ella está ahí porque ella también perdió a su hijo. Yo les digo a los clientes que ellos no están solos y que Dios los ama incondicionalmente, sin importar lo que haya pasado. Ése es el mensaje que María les trae a ellos.

En la lectura donde María vino con alguien que no había perdido a un hijo, primero me confundí cuando sentí a María entrar en el cuarto, porque yo no sentí que el cliente hubiera tenido un hijo. La mujer que estaba frente a mí, estaba alrededor de sus cincuenta años, con cabello negro, medio gordita, y sin maquillaje. Llevaba pantalones oscuros, una blusa de color gris y un collar largo con una medalla alrededor de su cuello. Le dije a la mujer que sentía la presencia de la Madre María de su lado derecho. Mi cliente inclino la cabeza. Mientras iba continuando la lectura, el mensaje que recibí del Espíritu era que esta mujer había trabajado con niños, era profundamente devota del cuidado de otros y estaba conectada a una secta religiosa. Después de la lectura, la mujer me dijo que ella había sido una monja por muchos años y amaba lo que había hecho.

Algunas veces las lecturas de ángeles se vuelven extrañas. Como dice el viejo proverbio, "los ángeles pueden volar porque se toman a sí mismos a la ligera". Este tipo de lectura de ángeles está hecha para ayudar al cliente a despejarse y aprender a tomarse la vida como viene y no tomarla tan en serio. Algunas veces las hadas aparecen para recordarle al cliente que debe tomar un profundo respiro, que debe explorar más la naturaleza y que debe respetar el medio ambiente. Las hadas viven en los árboles, arbustos, pasto, arroyos y ríos. Ellas vienen a enseñarle al cliente que pueden aprender y hacer más estando fuera de los edificios y estando en contacto con los elementales. Ellos envían el mensaje y todos nosotros estamos conectados, personas, animales, rocas, montañas, agua, todo está hecho de moléculas. Un viejo dicho hawaiano expresa este sentimiento: "Tómalo con calma. Como los árboles, montañas y todos los peces en el mar, se supone que tú también tienes que estar aquí".

Algunas lecturas pueden ser difíciles, cuando las personas levantan bloques o muros que simplemente no pueden ser penetrados, usualmente por miedo. Tienen pánico de lo que se les pueda mostrar, así como de percibir una falla o una mala experiencia que tuvieron cuando eran niños. Una parte de ellos no quiere recordar una mala escena en su vida o saber que son lecciones que tienen que aprender del pasado.

Una lectura en particular fue difícil desde el principio. Y casi termino la sesión antes de empezarla, pero una voz dentro de mí me dijo que continuara. El hombre estaba en una posición de defensa, sentado casi de lado y mirándome fuera de la cornea de mis ojos. Fue como si él estuviera tratando de mirar a otro lado y mirarme al mismo tiempo. Leonard era alto y robusto. Su cabello corto, espeso y más gris que café; lacio, despeinado en diferentes direcciones. Usaba pantalones azules, y una playera vieja. Leonard tenía preguntas desde el principio, pero tenía problemas para decirlas con palabras, preguntas incompletas, cambiaba su punto central, haciéndome difícil seguirlo. Antes de entrar en las preguntas, le dije: —Vamos a tomar juntos un respiro profundo y a exhalar despacio.

Cerré mis ojos y tomé dos profundos respiros para limpiarme y los solté lentamente. Él permaneció en silencio, y después hizo otra pregunta a su modo: "¿Cómo funciona esto?" Empecé hablándole a Leonardo del arcángel Miguel, del

Espíritu Santo y de cómo mis ángeles me traen mensajes de sus ángeles.

—¡No, no, no! —Dijo fuerte—. Yo no creo en los ángeles, ni en Dios. Entonces por qué demonios vino a mí para una lectura, me dije a mí mismo. Después de todo, vino aquí por una lectura de ángeles y los ángeles están siempre, son mi conexión para recibir estas lecturas espirituales. En lugar de eso, no dije nada, no quería sacar de quicio a este gnomo de gran tamaño. Al principio, no sabía qué hacer. Mi mente estaba dando vueltas; de repente mi cabeza se quedó quieta y empezó a ponerse claro el cristal. Sentí una voz dentro de mí que dijo, "pregúntale si el término 'yo superior' y 'espíritu' son correctos, para usarlos en lugar de Dios y ángeles". Cuando lo hice, el vacilante asintió con la cabeza, y añadió un silencioso sí. Por la forma en que él estaba entrecerrando los ojos y mirando de reojo, yo no sabía si se quería acomodar para la lectura o sólo llegar a más y agarrarme por la garganta. Empezamos de nuevo.

Cuando iba progresando la lectura, él me miraba de cerca, su cabeza aun la tenía un poco volteada hacia un lado, casi nunca me veía cara a cara. Cuando algo venía que él no quería escuchar, explotaba, "¡no, no, no"!, de nuevo. Claro, le pasaba a muchos clientes al estar cerca como él lo hizo. Algo me comentó de que a lo mejor nunca regresaría. La lectura duró una hora, sin embargo pareció ser mucho más larga, ya que constantemente debía tener cuidado de cómo manejar los mensajes de sus ángeles.

La sesión terminó tranquilamente. Él caminó afuera del cuarto de lectura y fue al mostrador. Le di las gracias por haber venido y le di un gran abrazo, recordándole que siempre es amado y nunca está solo. Ya en este punto, Leonard parecía más dócil. Aceptó las palabras y me dio las gracias, después salió de "Alas de Ángel".

Un par de semanas pasaron. Entonces, un día, estaba sentado en una pequeña silla plegable, cerca de la puerta de atrás, cuando vi una larga sombra sobre el suelo que se movía hacia mí, desde el frente de la tienda. Miré hacia arriba. A primera vista, pensé que estaba viendo al defensa de los empacadores de Green Bay que venía a gran velocidad por el pasillo hacia mí, con un balón de fútbol en sus manos. Mi corazón empezó a latir. De repente me di cuenta que era Leonard, cargando una sandía.

Él sonrió con una mueca que mostraba sus dientes, la sonrisa más grande que jamás había visto. Todo radiante y mirando con gran felicidad como un niño con una paleta de dulce me dijo: "No te puedes imaginar cuánto me ayudaste. Nunca me había sentido mejor en toda mi vida. Tú fuiste tan amable al darme la bienvenida en tu tienda. No sólo eso, sino que tú me hiciste sentir como todo un ser humano completo. Ahora, estoy feliz de ser 'yo', te quería dar las gracias regalándote esta sandía. Es completamente orgánica." Leonard traía puesta una playera limpia y unos nuevos pantalones azules y parecía como si acabara de salir de la peluquería. No tenía un solo cabello fuera de su lugar. Llegó con sus largos brazos acunando la sandía y me entregó su regalo. Lo acepté y lo puse sobre el mostrador.

—¿Sabes? Estás lleno del amor de Dios en este momento, —le dije. Leonard me dio un gran abrazo que pensé que mis costillas se romperían. Me dio las gracias de nuevo y caminó hacia la puerta de adelante.

—No fui yo, sabes —le grité—. El amor para ti está en el universo, yo soy sólo el conducto entre ustedes. Yo no tuve nada que ver con eso.

Él se detuvo y lentamente regresó, señalándome con un dedo. —Ah no, —dijo—. Tú tuviste mucho que ver con esto. Yo nunca olvidaré lo que has hecho por mí. Mi vida tiene un significado ahora. En un instante, él se había ido. Nunca lo volví a ver de nuevo. Me sentí como el doctor de un pueblo, que en lugar de que le pagaran con dinero por sus servicios, le pagaron con fruta.

Un año después de que abrimos la tienda, Gina le dijo adiós a "Alas de Ángel" y se fue, cruzando el desierto a unos pastos más verdes, en la soleada California. Ella había hecho un trabajo fantástico en la tienda con sus bendiciones, sus lecturas de ángeles, su presencia, su cabello rojo natural y su belleza. Robert, cuando supo de mi intención de hacer lecturas de ángel, salió de la tienda; ahora se sentía libre para ir a Tucson y estar más cerca de su madre. Teníamos algo en común, Robert y yo, el amor y el anhelo de Hawái. Robert se detuvo en la tienda antes de irse a Tucson y me entregó una nota. Había escrito el nombre de un libro. Traté de leerlo. *La secreción y mis historias…*, —No, no, no, —dijo—. Dice, *Los secretos y misterios de Hawái*.

—¡Oh, lo siento! No puedo leer tu letra. —Le respondí.

—No me puedo acordar del nombre del autor ahora mismo, pero búscalo en Internet. Seguro lo encontrarás allí. Es posible que el libro te guste porque yo sé lo mucho que quieres volver a Hawái.

—Bueno, Robert, yo sé que tú también. Te diré que, entre tú y yo, el primero que llegue gana."

—¿Gana qué?

—Tú no ganas nada, ¡sólo ganas!

Robert me miró y sacudió la cabeza. Nos dio las gracias a Pamela y a mí, por tenerlo en la tienda, diciendo que lo habíamos hecho sentir como en familia. Le creo a Robert que se haya sentido a gusto con nosotros, más a gusto de lo que se había sentido por un tiempo. ¡*Mahalo*!, dijo Robert, y significa que está agradecido y *Aloha*, que significa paz.

Seguí el consejo de Robert, busqué el libro y el nombre del autor por internet y compré *Los secretos y misterios de Hawái.* Poco después empezaron a suceder algunas cosas raras en la tienda, justo cuando empecé a leer el libro. Tengo un programador de cinco CD´s para escuchar música al azar. Generalmente pongo discos de música para meditar y música espiritual. La música hawaiana es la música más espiritual para mí y uno de mis discos tiene preciosas melodías hawaianas. Entonces cada vez que estaba leyendo *Los secretos y misterios de Hawái* del escritor Pila, de Hawái, sonaba música hawaiana. Luego, algo aún más inusual ocurrió.

Mientras estaba leyendo la sección sobre un lugar en particular de la Gran Isla, cerca de la ganadería Parker, tres mujeres entraron por el patio de la puerta trasera de la tienda. Cuando lo hicieron, una de ellas comentó sobre la música hawaiana. Ella se sentó en el taburete, enfrente del mostrador, y me preguntó sobre la canción. Le expliqué que esa música siempre suena mientras estoy leyendo el libro de Pila, y le mencioné que ahora estaba leyendo sobre el área cerca de la ganadería. Tenía una mirada de sorpresa en el rostro. "Ahí es donde crecí", dijo. Luego llegó a decirme que su padre había trabajado en la ganadería, ahí nació y murió, justo en el lugar descrito en el libro.

Durante el tiempo en que yo estaba inmerso en el libro de Pila, alguien podía entrar a la tienda, usando una playera hawaiana y el programador de CD´s empezaba a tocar la música hawaiana de nuevo. Siempre les preguntaba a las personas que entraban en ese momento si ellos habían visitado Hawái. Nunca fallaba, ellos tenían una historia sobre la Isla o habían vivido ahí.

Pila y yo nos habíamos hecho amigos por correo electrónico. Él es parte Chamán y parte Cherokee, profesor y maestro de la historia de Hawái. Tengo muy presentes sus palabras de orientación. *Mahalo,* grandulón. *Oorah.* Al final resultó que, Pila de Hawái y Dannion Brinkley, el autor que escribió acerca de sus experiencias cercanas a la muerte, son ex marinos y sirvieron en Vietnam. Yo también serví en Vietnam, en la infantería armada, unidad 25, de la División de Infantería, sede en Schofield Barracks, en la isla de Oahu. También lo visité. *Oorah* es un término usado por los marinos como recordatorio del compañerismo de su fraternidad.

Este anhelo y sentimiento de amor por Hawái es aún fuerte en mi corazón, y me ha estado llamando para regresar a la Isla en algún momento. No mucho después de que terminé de leer el libro de Pila, los ángeles me dejaron una serie de nuevas experiencias y aventuras que al final les revelaré.

## Reemplazando la maldad por amor

Meredith estaba visitando el área con una amiga y dijo que fue guiada para entrar a "Alas de Angel", pero no sabía porqué. Pensó que tal vez le podría ayudar a encontrar la razón que la había traído hasta aquí. Le dije a Meredith que muchas personas entran por las puertas. Algunos han escuchado acerca de la tienda, otros le compran un regalo a un amigo que cree en los ángeles y otros sólo son curiosos. Ahora y después, le expliqué, las personas vienen porque han sido tocadas por los ángeles.

Meredith enfocó su mirada en sus manos, dejó sus llaves y bolsa. Ella suavemente levantó su mirada hacia mí y dijo, "yo nunca he sido tocada por un ángel, pero tengo una historia de hadas". Y la motivé a que la compartiera conmigo.

—Yo no sé porque te estoy diciendo esto, —dijo, pero continúo de todas formas—. Mi hermano, mi hermana y yo fuimos objeto de abusos físicos, emocionales y sexuales en una familia que cultivaba la tierra en Iowa.

"Incluso, mi madre era extremadamente agresiva, y todos nosotros terminamos en terapia. Mi hermano y yo nos volvimos enfermeros, mientras que mi hermana dejó la granja y también se vino aquí a Mesa hace treinta años. Ella se fue de la granja tan pronto como la ley se lo permitió.

"Mi hermano y yo cuidamos a nuestro padre mientras sufrió de un severo cáncer, hace años. Ambos fuimos capaces de terminar con el pasado y de perdonarlo completamente. Mi papá estaba en paz también. Fue una experiencia de curación para mi hermano y para mí. Nuestra hermana no pudo volver a ver a mi padre, ni cuando se estaba muriendo. Ella no volvió para la muerte de nuestra madre, ni fue a su funeral. Eso es lo de lo que quiero hablar, sobre la muerte de mi madre.

"Hace diez años, ella estaba en la primera etapa de la enfermedad de Alzheimer. Mi hermano y yo también la cuidamos hasta el final. Fuimos lo suficientemente afortunados de tener la ayuda que necesitábamos para que ella nunca tuviera que dejar la granja donde nos criamos. El último día de su vida, como mi madre yacía en su lecho de muerte, yo miré por la ventana del dormitorio y los vi."

—Viste ¿qué?, —le pregunté gentilmente.

—Vi hadas, hadas que aparecieron por todos lados en la granja, donde hubo abuso sexual, físico o emocional. Al mirar afuera, en el viejo cobertizo, vi un hada revoloteando cerca de una esquina. Lo mismo pasó cuando vi el establo, el granero y las partes del patio y los pastos. Dentro de la casa, también, donde fuera que el mal había acechado, las hadas aparecían. Tuve la sensación de que todo el mal se estaba eliminado y reemplazado con una luz de amor. Yo no sé cómo podría explicarte. Así como las hadas aparecían en cada sitio, todo el mal se había ido.

Continuando con esto, dijo Meredith: —Otra cosa ocurrió. Nunca habíamos tenido ciervos en la propiedad, bueno, casi al final del campo, que estaba directamente en frente de la zona de dormitorios de la casa, donde mi madre estaba muriendo, justo en ese mismo lugar, otro lugar donde mi hermano y yo habíamos sido objeto de abusos, no sólo uno, sino varios ciervos aparecieron. Ellos se pararon ahí y miraron hacia la ventana, así como mi hermano y yo miramos hacia ellos. Ninguno de nosotros había visto ciervos antes. Después mi madre dio su último aliento y murió.

# Capítulo 13

# Tomando un respiro profundo

Viniendo de la parte alta del Medio Oeste, es más probable que aprendas a disparar y limpiar un rifle de caza, a que confíes en algo nuevo, porque, bueno, uno nunca sabe. Pero los ángeles estuvieron nuevamente intentando romper mis viejas barreras, empujándome a intentar cosas nuevas. Su siguiente empujón vino por medio de algo que me daba un poco de pena e inseguridad, las regresiones de vidas pasadas. Conforme fui leyendo acerca de las regresiones de vidas pasadas, fueron picando mi interés. Estaba listo para más, pero estaba un poco tímido al principio.

Pamela y yo decidimos aventurarnos en este territorio desconocido juntos. Tuvimos nuestra primera prueba de regresión, en una librería de Mesa, cuando asistimos a un taller de hipnosis y regresiones de vidas pasadas, impartido por un reconocido psicólogo que era experto en hipnoterapia. Nos sentamos tan lejos en la audiencia como pudimos y cerca de una salida, por si se daba el caso de que el psicólogo decidiera escoger a alguien para pararlo al frente y quisiera hacer algo raro con él bajo la hipnosis. Tú sabes cómo es esto.

Una librería parecía un lugar extraño para experimentar una regresión de vidas pasadas, pensé, pero supuse que si has escrito un libro sobre ese tema, podrías obtener mejores resultados haciendo una demostración, que sólo diciendo lo que haces. Aun desde la última fila parecía ser el momento correcto para vivir una nueva experiencia y posiblemente experimentar un cambio de vida, un viaje que alterara la mente hacia lo desconocido. Era el momento de cavar profundo en la verdad.

Listos o no, nuestro grupo de alrededor de cincuenta personas, cerramos nuestros ojos y aclaramos nuestra mente consciente. Entonces, el hipnoterapeuta nos llevó por tres tramos de escaleras, cada paso nos acercaba a una puerta. Cuando alcanzamos la puerta de lo desconocido, fuimos a abrirla. Lo que pasaba desde ese punto, correspondía a cada uno de nosotros. Él nos dio sólo una instrucción, mirarnos a nosotros mismos, para ver qué es lo que traíamos puesto, y fijarnos por si había algún calendario que pudiéramos ver.

Caminé a través de una antigua puerta de madera, cubierta de musgo, con mucha emoción. Cuando miré hacia abajo, me sentí como si estuviera mirando a través de los ojos de un niño. Me vi vestido con ropa hecha de yute de color café oscuro. Estaba cosida de los lados y colgaba de mi cuello; estaba vestido como de moda. Yo era un niño, tal vez de doce años, y estaba descalzo; estaba parado ahí solo, mirando hacia abajo, sin sentir realmente nada, sin sentimientos de amar o de ser amado. Tampoco de enojo. Eso es todo lo que obtuve de mi primera regresión de vidas pasadas. Fui al pasado en un momento donde estaba joven y solo, pero no estaba claro en qué tiempo fue. Y no sentí nada más.

Pamela, sin embargo, fue un poco más profundo y un poco más lejos. El pensar en lo que podía experimentar en una regresión de vidas pasadas le daba miedo, pero ese día se sentía a gusto en su entorno y lista para todo lo que viniera en su camino. "Yo estaba todavía un poco indecisa, mientras caminaba por ese largo tramo de escaleras, —me dijo—, pero una vez que la puerta se abrió, di un paso adelante y vi un mundo completamente diferente. Yo tenía como veintiocho años. Cuando miré hacia abajo, vi que estaba descalza, traía un vestido de yute, con el cabello un poco despeinado. Lo siguiente que vi y escuché fue tan vivo e inquietante que me hizo llorar. Estaba en una pequeña ciudad, tenía calles sin pavimentar, casas de madera, cabañas y otros edificios pequeños. Estaba parada en la cochera, con mi hijo pequeño, que tal vez tenía alrededor de siete años, cuando un carro jalado por caballos, llegó volando por la esquina, sobre dos ruedas, vi como si se fuera a volcar. Sentí terror. Entonces un soldado me agarró del brazo y me jaló hacia la parte trasera del vagón, donde al menos habían otras seis personas, en su mayoría mujeres que estaban en cuclillas. Yo de inmediato me aferré al brazo más cercano. Estábamos amontonados con una sensación de inmenso terror, tratando de ganar fuerza, al aferrarnos a ellos. Mi hijo corrió tras de mí, gritando y llorando, ambos tratamos de alcanzarnos, pero sin éxito.

"Luego me vi a mí misma, vi cómo me ponían en una plataforma, me ataban a un poste con las manos detrás de mí y me quemaban en la hoguera. El humo y las llamas me envolvieron en cuestión de segundos. Los espectadores estaban viendo el evento con aplausos y alegría, como si fuera la mejor forma de entretenimiento que se pueda imaginar. Comprendí que yo era una de los muchos que habían sido vocales en decir la verdad, una verdad que las autoridades locales querían eliminar.

"Cuando el hipnoterapeuta nos guió de regreso, arriba de las escaleras, hacia el presente, me encontré a mí misma de regreso en la librería, con el resto de las personas sentadas en la audiencia. Yo, aún podía sentir las lágrimas calientes cayendo en mis mejillas. No sentí miedo, pero sí sentí un poco de pesar, como si hubiera leído una historia muy triste."

El autor continuó con su plática sobre las regresiones de vidas pasadas y su propósito. Antes del taller, ni Pam ni yo sabíamos que las regresiones de las vidas pasadas (o PLR), como se les llama, estaban siendo utilizadas como una técnica de curación. Las regresiones no sólo pueden ser una herramienta para el crecimiento y la exploración espiritual, sino que también pueden ayudar a las personas con problemas, como adicciones, fobias y creencias limitadas. Ellos pueden ayudar a quitar patrones negativos y a aliviar el dolor que se ha colocado sobre nosotros de otras personas, lugares y situaciones del pasado. La hipnosis se utiliza en las regresiones de vidas pasadas para profundizar en el subconsciente y llegar a la raíz del problema y su solución.

Después de la regresión de vidas pasadas en la librería, me encontré asistiendo a todas las sesiones de grupo que estuvieran disponibles. Esas regresiones me dieron un entendimiento más profundo de mí mismo, así como un aplomo que sentí que me había faltado antes de la PLR. Ellos también me dieron una nueva y positiva manera de mirar a nuestra cultura y al mundo, desde un punto de vista de la reencarnación. La negativa de creer en la reencarnación, de la mayor parte de la cultura y las religiones del mundo occidental empezaron a hacerme reír.

Las regresiones sirven para abrirnos los ojos; me dieron un sentido más amplio del razonamiento, un mejor conocimiento de Dios, su obra y la forma en que chocan el pasado, presente y futuro para crear el ahora. En este momento de mi vida, sentí como si realmente estuviera aprendiendo, volando por el cielo, observando los destellos brillantes del polvo de ángel y tomando la velocidad, tal como si me bañara en la belleza del universo. Agarrando la manija del carrito en la montaña rusa de las regresiones de vidas pasadas, me preparé para nuevas penetraciones que venían en camino.

Fui a regresiones de grupo con psicoterapeutas e hipnoterapeutas certificados. Una cosa no había cambiado para mí. Como en la primera sesión, en la librería, siempre me vi a mí mismo como niño. Por ejemplo, en mi segunda regresión de vidas pasadas me vi como de diez años, viviendo en la época medieval, al norte de Europa, usando ropa de yute de color café, sin ningún tipo de calzado. En esta ocasión, fui más profundo y estuve más tiempo ahí. En ese momento, yo tenía una habilidad inusual, sabía cosas que pasarían. Yo de alguna manera sabía que los cultivos de la villa fracasarían por la sequía, las plagas, el exceso de lluvia y otras catástrofes... Cuando lo que yo había predicado, se hacía realidad, mi pueblo necesitaba a alguien o algo para echarle la culpa, alguien me eligió. Me enviaron a una celda primitiva por predecir los acontecimientos, por hablar de mi verdad. La celda, una simple estructura de madera, tenía el piso sucio, cubierto de paja y una puerta de metal con listones. No pude llegar a la única ventana pequeña que había en una de sus paredes. Me quedé encerrado en la celda hasta que tuve doce años de edad.

En lugar de difundir la comprensión, mi regalo había creado el miedo, junto con dudas en la religión convencional. La religión y la autoridad (gobierno) estaban conectadas durante ese tiempo, así que, fue como si hubiera manoseado mi nariz, para ambas instituciones. Y era recompensado con la muerte, finalmente colgado dentro de la celda, como parte de la carne de vacuno.

No sentí ningún dolor o remordimiento. La gente común no pudo parar mi ejecución porque tenían muy poco poder. Las leyes fueron hechas por y para los ricos, la gente importante. Los viejos religiosos, simplemente estaban parados y permitían el baño de sangre; ellos también pensaban que colgarme les podría ayudar a mitigar las obras del diablo. Así es como veían la profecía, cuando venía de alguien que no fue mencionado en la Biblia, pero que tenía los mismos poderes que los que se describen en la Biblia. Este final infeliz me pareció que era parte natural del ciclo de la vida.

En mis regresiones, yo era a veces hombre y en otras ocasiones mujer. El género no importa, así como yo no creo que le importe a los niños de hoy... Aunque fuera hombre o mujer, no parecía que afectara el camino de lo que pensaba o la manera en que actuaba. Además, el primer grupo de regresiones que experimenté, fueron durante un periodo donde había poca o ninguna autoridad en las afueras de la ciudad, por lo menos no en la ciudad en que viví. Marginados de la sociedad, convivía con los ladrones, asaltantes, borrachos y con todas las tonterías que van con eso, hombres y mujeres disociados del amor, y niños abandonados, gobernados con anarquía. Nosotros los niños abandonados, éramos vistos como impuros, y nadie importante quería estar cerca de nosotros. Tenían demasiado miedo de ser contagiados por alguna horrible enfermedad. También parecía que los niños, especialmente los niños no deseados, a veces eran rodeados por una persona o grupo de personas de la ciudad, como si fueran perreros y los diputados podían reunir a los indeseables, y el gobierno de la ciudad recibía el dinero de la venta de esos niños. En cierto lugar, los huérfanos abandonados de un municipio, fueron eliminados para evitar todo el asunto de alimentar, vestir y cuidar de ellos.

Otra regresión abrió una escena de muerte a temprana edad. Una multitud de personas infelices, en las afueras de una gran ciudad, en el siglo XV, me apedrearon hasta la muerte. En esta ocasión, yo era una niña. Mi mejor amiga tenia cabello rubio y el mío era café. Mis amigos y yo estábamos jugando un juego llamado "finge". Algunos de nosotros estábamos sentados, mientras otros estaban parados a lo largo de un montículo, cerca de un puente de madera. Un grupo de niños descontentos, "feos", como se llamaban, aparecieron de la nada y nos empezaron a golpear con piedras enormes. Nosotros no teníamos ni una oportunidad de escapar. Y entonces, como el susurro del viento, mi alma fue llevada a un pasado diferente.

Al igual que con las regresiones anteriores, me vi en la época medieval, pero no podía ver un calendario. Esta vez era una niña de seis o siete años. A cada rato pasaba un carro tirado por bueyes, guiado por uno o dos hombres y lleno de niños... Yo era parte de un grupo de niños que siempre corrían hacia la parte de atrás del vagón, para ver si estaba adentro alguien que conociéramos, si así era, nosotros lo agarrábamos, rápidamente, lo jalábamos fuera del vagón y lo escondíamos con nosotros para salvarlo de un daño mayor. Los niños en esa ciudad eran agarrados para ser usados como esclavos, soldados, dárselos a otras familias o a veces para ser eliminados. Algunas veces nos parecía que esas alternativas eran mejor que vivir en constante miedo, rodeados por los "feos".

Nosotros siempre estábamos listos para correr y correr rápido. Era traumático y daba mucho miedo el ser arrancados de nuestros hogares, y ser separados de nuestros padres o hermanos o hermanas, para ser vendidos como esclavos o abandonados y dejados a nuestra suerte, entre los indeseables de la sociedad. Como abandonados, éramos tratados como animales que existían para la diversión de los demás. No había nadie que nos llevara, nadie que nos cuidara, nadie que se ocupara de nosotros.

En las regresiones que me fueron reveladas a través de esas sesiones, no sólo viví en tiempos inquietantes, sino que nunca viví el tiempo suficiente para crecer. Sólo uno de esos primeros viajes del pasado me revelaron que casi había llegado a la madura edad de veintiuno. En esa vida, yo morí en 1944, durante la Segunda Guerra Mundial. Cuando ya me estaba saliendo de una de las lanchas de desembarque, en un portaviones, de las costas de Normandía, me empujaron fuera del barco, junto con los otros; en la prisa y la confusión, el miedo abundaba. Habíamos sido envasados de una forma tan estrecha, hombro con hombro, de adelante hacia atrás. Las balas volaban por todas partes y el tipo que maniobraba el barco, dejó la puerta blindada abierta, mucho tiempo antes de llegar a la costa.

Éramos como ratas escapando de un barco que se estaba hundiendo. El agua estaba arriba de mi cabeza y no podía quitarme, lo suficientemente rápido, el equipo pesado de mi espalda. Parte de mi ropa se enredó con un objeto de metal bajo el agua. Al principio tuve problemas sin cesar, después, mi pánico comenzó a disminuir, en conjunto con el agotamiento, finalmente vi cómo mi vida comenzó a desvanecerse. La última vez que grité, agarrándome de un respiro, estaba siendo jalado por el metal que se aferraban a la parte de atrás de mi ropa. Oxígeno, dulce, amado oxígeno, estaba muy lejos para alcanzarlo. Como ya había caído en la aceptación, vi una luz tenue. Después de una pausa, de lo que pareció una eternidad, la luz se iluminó y me sentí como si estuviera en un cuerpo rodeado de fluido, moviéndose en un canal de parto.

Aunque las regresiones a vidas pasadas son emocionales y pueden ser estresantes, cuando esta regresión terminó, no podía esperar a cavar más profundo. Pero por ahora, sólo quería relajarme y disfrutar un momento de respiro. Inhalar tan profundo y limpio, para mantener el oxígeno durante unos segundos y luego dejarlo ir, poco a poco, se sentía tan refrescante. Es increíble como algo tan común, como respirar, inhalar y exhalar, pueda cambiar un momento, una actitud, un día e incluso al mundo.

# La niña misteriosa

Curt era escéptico sobre los ángeles, vidas pasadas y todo lo que se refiere a cosas sobrenaturales. Para esta persona inteligente, de veintitrés años, que estaba yendo a la universidad y trabajando como cajero de un banco, todo eso se trataba de algún tipo de engaño. Sin embargo, recientemente había tenido una experiencia que lo había sacudido y que necesitaba contarle a alguien. Y ese alguien fui yo.

—Era un día soleado y yo estaba trabajando en el banco, —dijo—. Hay dos entradas en el "Bank of América" (Banco de América), la entrada principal es donde está el estacionamiento y la puerta da hacia la calle. Yo estaba trabajando en la caja del banco más cercana a la entrada lateral de la calle. A veces, tengo cerca de cien grandes clientes en mi caja y aún más, en el turno de la tarde, a la hora del cierre.

"De reojo, vi a dos o tres tipos saliendo de un Cadilac gris, estilo de los años ochentas y entraron por la puerta lateral de la calle. Ellos inmediatamente me rodearon. Yo dije calma y podía ver cada movimiento que venía, pero no podía reaccionar. Estaba como congelado. Tenía tanto miedo, que no podía fingir, estaba en el piso como todos los demás, así como los asaltantes nos lo habían ordenado."

"De repente un asaltante sacó su pistola, me señaló con un movimiento y disparó. El cañón pasó aproximadamente a una pulgada de mis ojos. En ese momento, las cosas parecían suceder en cámara lenta. El ladrón apretó el gatillo y pude ver cómo la bala salía del cañón. *¡Bang!* Me desperté y solté un enorme grito, parecido a un quejido, como si yo tuviera el viento dentro de mí y estuviera golpeando por salir. Ése fue el sueño más sorprendente que he tenido en mi vida ", y resultó, que era sólo el comienzo de una noche inusual para Curt.

—En ese momento, —continuó—, yo estaba recostado en posición fetal en mi cama. Pero después del *bang*, me encontraba sentado con mis brazos rodeando mis piernas, las rodillas pegadas a mi pecho, sudando y respirando fuerte... Así como estaba, sentado ahí, me di cuenta que todo fue un sueño, luego vi que algo se movía a los pies de mi cama. Era de noche en la habitación, pero yo podía ver, parada al final de mi cama, a una niña encantadora... Por su expresión en la cara parecía como si la hubiera despertado y hubiera venido a mi cuarto a ver cuál era el problema. Ella tenía el cabello largo, no te podría decir si era rubio o café, pero brillaba con la luz de la luna que entraba por la ventana. Llevaba un vestido o camisón de pijama o algo así, nada llamativo o demasiado sencillo.

—¿Cuántos años tenía ella? —Le pregunté.

—Probablemente siete años, auméntale o quítale dos años, —dijo.

Tratando de convencerme de que él no había inventado todo esto, añadió, —mira, yo no bebo, ni uso drogas. Siempre he estado limpio de todas esas cosas y siempre lo estaré.

—Luego ¿qué pasó'?, —le pregunté, asegurándole que lo entendía.

—La niña pequeña caminó de los pies de la cama, a mi lado izquierdo. Ella parecía totalmente real, no transparente, ni traslúcida, sólo una niña real que caminó en el cuarto. Yo no creo haber parpadeado, sólo la veía con diversión. No tenía miedo, ni estaba preocupado, sólo tenía curiosidad acerca de por qué estaba allí. Yo no dije nada. Sólo la seguí con la mirada.

"Mientras estaba parada justo a mi lado, rompí el contacto visual con ella, por un momento, como para comprobar lo que estaba viendo. Aparté la vista, y luego la regresé a ella. En ese instante, ella se desvaneció y se fue. Yo no entendí cómo podía haber estado parada donde estaba, ya que justo al lado de mi cama, donde yo la había visto, estaba una mesa de noche y un tocador. Ahí es donde ella había estado".

Curt obviamente, nunca antes había profundizado en asuntos como éste. Ahora tenía mucha curiosidad, sus palabras salían rápidamente. —Ella no estaba amenazándome ni nada de eso, —continuó—. Entonces, ¿qué te parece?, ¿era un ángel? Ella no tenía alas.

—Después de haber escuchado acerca de tu encuentro —le dije—, yo diría que la niña probablemente murió hace años. Yo no creo que ella sea un ángel, por lo menos no de los que tienen alas. Por cierto, no pongo en duda nada de lo que dices, porque tú no tienes nada que ganar al contar una historia como esta. Yo sí creo que lo que tú experimentaste fue real.

—Ella era justo como tú y como yo, —Curt explicó de nuevo—. Yo no podía ver a través de ella.

—Así es exactamente la manera en que algunas personas ven a sus seres queridos que ya han muerto. Ellos ven a sus hijos, padres, madres, quien sea, tan claros como nos estamos viendo. Aquellos que ya han muerto, no siempre se aparecen de esta manera a las personas que los ven, pero algunas veces sí lo hacen. Así que, ahora sólo sabes, que no estás solo.

Curt pasó sus manos a través de su cabello y dijo que él no tenía ni idea de quién era esta niña pequeña. Yo intuí (o mejor dicho, mis ángeles me dijeron), que ella probablemente alguna vez vivió en la casa donde Curt ahora está viviendo. Decidí no mencionarle esto, ya que él tenía suficiente para digerir, por ahora.

No vi a Curt hasta varios meses después, cuando él y un amigo, pararon en la tienda. Se inclinó sobre el mostrador y en voz baja, para que su amigo no pudiera oír, me dijo. —Me enteré que en la familia que vivió en la casa donde yo vivo ahora, había una niña. Ella tenía una enfermedad y murió en su recámara. Por eso ellos se cambiaron de casa y ahora la rentan. ¡Oh sí!, mi recámara era la misma de ella".

Todo lo que pude hacer fue sonreírle. Él asintió con la cabeza, como si estuviéramos en el mismo canal. Ahora Curt realmente cree en lo sobrenatural. Yo no sé, pero estoy seguro que esa reunión de carne y espíritu, del pasado y futuro, pasó por una buena razón, una que sólo Curt puede averiguar por sí mismo.

## Capítulo 14

# El espíritu Aloha

Era una bonita tarde cuando nos sentamos con John y Judy Peters, en el patio, a platicar; colocamos un tronco en el fuego de vez en cuando y miramos hacia el cielo, lleno de estrellas maravillosas que Dios había puesto encima de nuestra cabeza. Ellos nos habían invitado a Pamela y a mí a su casa en Cave Creek, una noche fría de noviembre, en Arizona, para disfrutar de una comida hecha en casa, conversar y para una regresión de vidas pasadas.

Yo estaba ansioso de tomar ventaja de la oferta de Judy, esperando poder profundizar más en mi historia personal, la historia que se remonta mucho más allá de sólo esta vida. Sabía que las regresiones a vidas pasadas no eran para todos. Pero en mi caso, estaban llenando algunos de los eslabones que faltan del viaje de mi alma, ayudando a que tengan sentido ciertas conexiones y condiciones con las que había estado lidiando en esta vida. Muchas veces en mis oraciones y meditaciones, le pregunto a la Gran Fuente, si todavía estoy en el camino correcto con las regresiones. Nunca recibí una respuesta negativa, seguí el curso, por la única razón de estar seguro de mí mismo. Yo sentía que a través de la experiencia de estas regresiones, estaba recibiendo ambas curaciones, tanto espiritual como emocional.

Antes de cenar esa noche, rezamos por la paz del Medio Oriente. La conversación fue agradable, pero a veces algo seria, como cuando comentamos la inminente guerra de Irak y los problemas en Afganistán. Después de la cena, Judy me preguntó: "¿Estás listo para entrar en la máquina del tiempo?, yo asentí y sonreí. John y Pam salieron a la fogata, y yo seguí a Judy al estudio, donde mi viaje hacia el pasado iba a comenzar. Pensando acerca de mis recientes regresiones de vidas pasadas y por el hecho de que había alcanzado la edad adulta sólo una vez, no tenía muchas expectativas, sólo curiosidad. Pero sí sentí el espíritu en la habitación, abrazándonos y uniéndonos. Me sentí relajado y un poco preocupado de quedarme dormido después de la gran comida y la conversación.

La habitación estaba ordenada y tenía una elegancia sencilla. Un magnífico escritorio de roble estaba en el centro de la habitación, con una silla que combinaba detrás de ella y un gran sillón, cómodo, de cuero marrón, en la parte de adelante. Había dos fotos en la pared. Una era la escena de una playa, mostrando algunos niños que estaban dispersos en todas direcciones, los altibajos del mar, veleros y uno o dos perros corriendo por la orilla. La otra era de las cumbres nevadas de las Montañas Rocallosas de Canadá, con una niebla invernal.

Judy me puso cómodo de inmediato y empezó a contar hacia atrás. En medio de la cuenta, ella me pidió que sintiera que las diferentes partes de mi cuerpo se iban relajando y se volvían pesadas. No pasó mucho tiempo antes de que yo estuviera listo para ver lo que había detrás de esta vida. Al pasar por una regresión, el terapeuta hace una serie de preguntas para verificar que época es, preguntas como: ¿Puedes ver un calendario?, ¿qué ropa llevas?, ¿qué tipo de calzado?, ¿cómo te llamas?, ¿eres hombre o mujer?, ¿reconoces a alguien que está contigo?, ¿qué ves a tu alrededor? En esta ocasión, yo estaba en un estado hipnótico muy profundo, así que no recuerdo mucho de la sesión, es sólo por las notas de Judy que te puedo contar la siguiente historia.

Siempre he visto mis vidas pasadas como si se tratara de una película. Veo una secuencia de películas, una tras otra en forma rápida, no necesariamente lineal, ni en orden lógico. No sé si el hecho de que yo sea zurdo y un poco disléxico tenga algo que ver con la secuencia de la película que está en desorden, pero ésa es la manera en que las escenas aparecen. Las he arreglado en orden cronológico para que sea más clara, para todos ustedes, los diestros y no disléxicos.

Empecé los recuerdos viéndome a mí mismo como un hombre de treinta años, aunque en aquellos días la edad no era la última medida de la vida. Yo vivía en un edificio largo, verde, rectangular, con techo a dos aguas, en una selva tropical, en la cima de una colina exuberante, rodeada por agua. Estaba descalzo, usaba tobilleras y un brazalete hecho de caña, trenzado y con tallos de flores, un aro alrededor de mi cuello y una falda de pasto, para cubrir la parte inferior de mi cuerpo. Vivía con mi esposa, Ane. Mi nombre era, o sonaba como Patkahe. Yo sabía que estaba en una cadena de islas que hoy llamamos Hawái.

En retrospectiva, tenía sentido que Hawái sea para mí un lugar querido y especial, ya que mi primer conexión con Hawái empezó hace tiempo, en 1959, cuando fui a mi primer *luau* (fiesta) en Lone Rock, una pequeña ciudad en Wisconsin, en el campo de un estadio de softbol. Yo tenía sólo diez años en aquel entonces, pero recuerdo la celebración de Hawái cuando se convirtió en el quincuagésimo estado de la Unión.

Aunque Judy me preguntó si podía ver un calendario, no pude ver ninguno. De hecho, yo no sabía si esto estaba pasando en el futuro o en el comienzo de la humanidad. En cierto modo, lo que yo experimenté se sentía como ha sido descrito en el Jardín del Edén. Vivíamos en un estado mental de felicidad, en armonía con nuestro entorno.

—¿Qué es lo que ves? —preguntó Judy. Le describí la cabaña donde vivía. No tenía ventanas, el techo era de paja con pendiente y a pocos metros de la tierra. Un pequeño surco estrecho fue excavado a lo largo de tres lados en la cabaña, justo debajo de la línea de goteo. Estaba llena con lo que yo llamé "agua de piedras", piedras extraídas de los arroyos de la montaña, que habían sido pulidas y redondeadas con el tiempo, por las aguas que corren. El agua corría de la entrada trasera y caía en una serie de tres pozos de agua, los cuales corrían colina abajo, hacia el océano azul.

Cuando Judy me preguntó si yo había visto algo inusual, le dije de un símbolo que estaba tallado en piedra y era utilizado en los rituales. Todas las personas tenían ese símbolo tallado en madera en sus casas. Parecía ser una imagen poderosa, que tenía significados profundos. El símbolo no era nada raro o difícil de traducir, era un simple triangulo con la parte inferior ancha, que simbolizaba una manera de vida, espiritualmente, emocionalmente y hasta matemáticamente. Las personas creían que el triángulo tenía la clave para todos los misterios de la vida.

Ningún gobernante en particular o dictador estaba a cargo o al mando de todos en la isla. Parecía ser simplemente el conocimiento de cómo comportarse lo que creó una continua tranquilidad entre los distintos grupos de personas. Si la religión era practicada, no parecía ser el punto central de la vida. Teníamos ceremonias y rituales para dar gracias a la vida que sustentaba nuestras vidas, a nuestra sagrada tierra, bendecimos al cielo, las frutas, los árboles, las montañas, los arroyos, el océano y otras cosas vivas, así como las plantas y los animales.

—¿Pasó algo inusual mientras tú estabas ahí? —preguntó Judy. Compartí con ella que un evento monumental se llevó a cabo mientras yo estaba ahí. Un día, la luz del día se convirtió en oscuridad, sin embargo, aun en la oscuridad todavía era muy brillante. Había luces en el cielo, parecían como proyectores utilizados actualmente para inauguraciones y películas, excepto que éstas eran luces multicolores. Colores amarillos y naranjas, verdes y azules dirigidos por algo, moviéndose de este a oeste, de norte a sur. Todos corrieron a sus chozas, mirando el cielo desde la seguridad de sus hogares. Mi esposa y yo corrimos de un final de la casa al otro, siguiendo el movimiento de las luces, sintiéndonos desconcertados, emocionados y temerosos. Nosotros nunca habíamos visto nada como esto antes. Fuimos traspasados por el espectáculo.

Grandes y estrechos tubos cristalinos comenzaron a formarse en el cielo alrededor de la isla, causando un torbellino y cayendo directamente en el océano. Las aguas subieron en espiral, hasta un punto donde tocaban con los tubos, lo que hizo que el agua se fuera hacia abajo. Adentro y afuera, los tubos cristalinos se iluminaron con los colores del arco iris. Una fuerza eléctrica y magnética, rodeó los tubos. Cuando los tubos cayeron en el agua, el cielo se llenó de diferentes colores y la electricidad estática quedó en la dirección opuesta a las agitadas aguas.

Desde la parte superior de los tubos brillantemente iluminados, corría lo que parecían ser energías de un gran conocimiento, que se estaban incorporando a las formas de vida, acompañadas de un zumbido enorme de electricidad estática. Las formas de vida se parecían más a un soldado de infantería de Pillsbury que a cualquier otra cosa que pudiera relacionarlo, excepto que eran transparentes y vimos toda la gama del espectro de colores. Así como las energías de un gran conocimiento entraba en estas formas de vida, se hicieron más y más brillantes. Esta luz y formas de vida se convirtieron en una. Luego las luces o vida de colores vinieron a través de los tubos de una estrecha viga, cayendo suavemente sobre el pecho de todos los habitantes de la isla. Esto no dolió, pero cuando las formas de luz de colores hicieron contacto con nosotros, algo entró a nuestros cuerpos en forma de conocimiento e incrustándose en la fibra de nuestro ser.

Recibimos inmediatamente el conocimiento acerca de varios colores que ahora irradiaban dentro de nuestros cuerpos y brillaban fuera de nosotros. Cada color tenía un significado particular y se relacionaba con las moléculas de la pigmentación. Estas moléculas fueron colocadas dentro de nosotros para su uso futuro. Nosotros fuimos los hijos de Dios y fue a través de nosotros, que los diferentes "colores" de la gente del mundo evolucionarían.

En generaciones posteriores, como nuestro conocimiento de viajar en barco de una isla a otra isla había mejorado, seríamos los que llegaríamos a diversas partes del mundo. En algún momento, todos teníamos los ojos marrones, pero a medida que poblamos otras partes del mundo, el color de nuestros ojos empezó a cambiar. Esto pasó de generación a generación. Alguien puede nacer con ojos azules o color verde o color miel. A partir del encuentro de los tubos cristalinos, en esta isla remota, un cambio de grandes proporciones había empezado y eventualmente abarcaría al mundo entero.

En este punto de la regresión, no pude saber si estaba viviendo en el pasado o en el futuro, por el espectacular evento que estaba sucediendo fuera del cielo. Me sentía confundido en cuanto a si había retrocedido en el tiempo o si había tenido una vista previa de la vida futura.

Como Patkahe, sentí que mi corazón empezaba a correr. Me estuvo latiendo con fuerza por un buen rato. Luego, los golpes comenzaron a suavizarse y mi latido se volvió irregular. Eventualmente los latidos del corazón se desvanecieron y cesaron por completo. Ane me agarró de la mano, mientras estaba en el pasto húmedo y frío junto a la casa. Me acuerdo de ella besando mi mejilla, cuando un rayo de luz entró en mis ojos. Captó mi atención y sentí que mi cuerpo se convertía en una luz que flotaba hacia arriba y hacia la belleza, amando la luz blanca.

—¿A dónde fuiste?, —me preguntó Judy tranquilamente. Le dije que estaba en la luz, o que yo era luz, una partícula, un haz, conduciendo la frecuencia de un rayo, capaz de transformar cualquier vibración en color asociado con un sentimiento emocional. Me estaba moviendo por encima de la isla, tan alto que podía ver el agua por todas partes. Yo nunca antes había visto nada como esto. Me sentí triste porque no podía ver a mi esposa o mi casa. La luz me confortó durante esta fase transicional. Mientras el tiempo pasaba, me sentía más y más, como en casa, en la luz.

El color de la luz en la que me había convertido, cambiaba muchas veces. No podía ver nada más que lo fosforescente. No me sentí humano o nada que fuera hecho de materia. Estaba mucho más allá de cualquier universo, o ¿había comenzado mi viaje?, No tenía ningún sentimiento. Una luz lejana me estaba llamando, pero yo no sabía a dónde ir. El símbolo del triángulo me estaba atrayendo, pero esta vez el triángulo no tenía una base amplia. Parecía más como la torre de una iglesia que una pirámide.

Estaba envuelto en la sensación de estar flotando, cuando sentí que entré en un edificio que parecía iglesia. No me sentí cómodo allí. Me di cuenta que estaba en un cuerpo de nuevo, no estaba hecho de luz, aunque la luz todavía estaba dentro de mí. Por lo menos me sentí de esa manera. Yo estaba en el cuerpo de un niño recién nacido y estaba creciendo rápidamente. Luego, sentí como si fuera un niño que estaba jugando, pero no me sentí completo, algo no estaba del todo bien conmigo. Adaptarme a mi alrededor me estaba costando trabajo.

Vi colores verdes y cafés y una masa de agua en la tierra. Me vi a mí mismo como un niño, como una persona espiritual blanca que no era ni hombre, ni mujer. Me sentía incompleto, en el limbo, entre espíritu y forma humana. Me estaba mirando a mí mismo observándome. Me vi a mí mismo vestido en ropa suelta. Hubo risas y tranquilidad en la isla. Luego aterricé desde arriba, sin embargo, me sentí hasta cierto punto de allá y parte no. Yo no estaba listo para tocar tierra, no estaba listo para volver.

Estaba empezando a sentirme incómodo y con pánico cuando dije en voz alta: "¡aún no estoy listo!" Pero no ocurrió, veía de vuelta la nada, una copia de los tubos de plasma y la luz blanca. "Llévame ahí. Yo puedo ir ahí".

—No es tu tiempo —dijo Judy—. Ve a un lugar donde vivas una larga vida y donde la vida se viva bien, por lo tanto, la muerte no es algo para temer, es una parte importante de la vida misma.

Próxima parada, la Tierra Santa.

## Sueños proféticos

Glenda, una mujer mayor con lentes y una bufanda color lavanda alrededor de su cabeza, caminó hacia el mostrador donde yo estaba trabajando, bajó su bolsa de la tienda y volteó hacia mí. Directa y decidida a contarme su historia.

Glenda ha estado viviendo sola por muchos años. —Mis hijos y nietos viven en diferentes estados —me explicó—. Mi esposo y yo nos separamos y luego nos divorciamos, desde hace veinte años, pero quedamos como amigos. Hace cinco años, él tuvo un ataque cardiaco y murió. Como familia, nosotros no practicábamos ninguna religión en particular, pero yo creía en Dios, aunque mi esposo no.

"Años más tarde, yo quería saber más sobre el mundo espiritual, así que le pedí a Dios que me guiara, diciéndole que estaba abierta y lista para una intervención espiritual en mi vida. Recé mucho por dos años y no pasó nada. Entonces le entregué mis pensamientos a Dios y dije, 'yo sé que eso pasará de acuerdo a tu voluntad y a tu tiempo, no al mío. Entonces lo dejé pasar por un tiempo; yo estaba bastante contenta con la vida, pero entonces los sueños empezaron a venir."

Glenda hizo una pausa. Cuando ella empezó de nuevo, su voz estaba temblorosa y me miró directamente a los ojos. —Tú eres la primera persona a la que le he dicho esto —dijo—. ¡Yo he tenido miedo de decírselo a alguien más! —Así que la motivé a que siguiera adelante y me contara acerca de sus sueños.

—Desde hace varios años, yo he estado teniendo sueños, —me explicó—. En mis sueños, yo veo cosas buenas que van a pasar y veo tragedias. Algunas veces veo accidentes de avión, tres días antes de que sucedan. Yo veo las caras y el terror de todos dentro del avión, justo antes de que se desintegren con el fuego y la explosión. Inmediatamente después del accidente veo a las personas en una forma espiritual yendo hacia arriba, hacia el cielo, flotando a través del cielo. Pero no a todos ellos. Algunos se quedan en el lugar del accidente y otros revolotean como si se hubieran perdido... Yo me siento ¡terrible! Tengo miedo de que las personas piensen que estoy loca, o me hagan sentir mal por no notificar a alguien cuando recibo esos sueños. No veo qué vuelo son, aunque los aviones son casi siempre de otros lugares de América. Ahora me siento tan culpable y con miedo.

Las lágrimas empezaron a salir hasta las mejillas de Glenda. Se estremeció... Le pasé una caja de pañuelos, mientras le daba la vuelta al mostrador y me puse a su lado. Le compartí algo que una monja que había conocido me dijo alguna vez. Cuando yo le pregunté a la monja por qué los obispos, sacerdotes, hicieron algunas de las cosas horribles que hicieron, ella contestó, "cuando quieres ver algo de cerca, a veces llegas a verlo con todos sus defectos".

Glenda tomó más pañuelos, tratando de reponerse. —Esto es lo que pasó recientemente, —ella continuó con lágrimas en los ojos—. Una conocida que trabajaba en el mismo edificio donde yo trabajo tuvo un accidente de coche. Yo lo vi antes de que sucediera, pero no sabía cómo acercarme a ella, porque siempre se negaba o se rehusaba a escucharme cuando le sacaba el tema de la espiritualidad o de otras vidas.

"En mi sueño, la vi manejando en la noche por su vecindario, en un pequeño viaje que ella no debió haber hecho, y su carro estaba parado atrapado por otro del lado del conductor. Traté desesperadamente, durante el siguiente par de días, de hablar con ella. Yo quería detenerla y que esto no pasara, haciendo planes para salir a comer después del trabajo, ir de compras, hacer cualquier cosa, pero ella siempre tenía una excusa para dejar esa tarde abierta sólo para ella. Aunque no estaba haciendo nada en especial esa tarde, no quería molestarse en salir conmigo. Su coche chocó en una intersección, a sólo una cuadra de donde vivía, con alguien que traía un coche robado. Ella murió de inmediato". Glenda tembló durante la mayor parte de esta historia. Yo abrí mis brazos y nos abrazamos, hasta que ella recuperó la compostura.

—Yo sé que tú sientes que no hay nada que puedas hacer —le susurré a Glenda—, pero puedes orar. Tú le puedes entregar cualquier cosa que veas a Dios, al universo, a la luz... Tú le puedes pedir a Dios que mande ángeles para que intercedan y detengan las terribles tragedias si es posible. Pero no podemos cambiar el destino. Si ése es nuestro momento de irnos de aquí y de ir a la luz, así será. A lo mejor, de vez en cuando, de algún modo, algunos eventos puedan ser retrasados, pero cuando es nuestro tiempo de irnos, así pasará. No es posible cambiar todas las cosas.

Sacó la caja de pañuelos de nuevo. —Tú puedes hacer una cosa más para aquellos que se van, —añadí—, le puedes decir a los espíritus que se vayan a la luz, o llamar al arcángel Miguel para que ayude a aquellos que murieron de repente o en forma violenta, para que se vayan a la luz. Tú también puedes pedir que todo su dolor y sufrimiento sean olvidados de todas las formas y en todos los tiempos.

—Desde que los sueños empezaron, yo los he estado escribiendo —dijo Glenda entre suspiros. Sacudió la cabeza hacia atrás para recuperar su compostura y respiró hondo—. Ahora, tengo que decirte algo mas —dijo—, tengo que contarte acerca de mi nieta.

La cara de Glenda se iluminó. —Tengo tres adoradas nietas y las quiero mucho —dijo—. Hay una, que rara vez la veo, ya que mi hija y yo no coincidimos en algunas cosas. Ella siempre tiene una excusa para que no pueda ir a visitarla. Desearía que se suavizara un poco. Ella es tan rígida, especialmente con su religión. Definitivamente, no me aceptarían ahora, sabiendo que yo he sido despertada por el Espíritu a través de mis sueños.

"Extraño tener contacto con mi pequeña nieta de cinco años, Brittany, pero ella me llama casi todos los días y me dice lo que ve. Por ejemplo, me cuenta que ve a su abuelo (mi difunto esposo) en funciones de la familia o en el patio de recreo. Brittany tenía sólo siete meses cuando él murió. No hay manera de que ella supiera quién es él, pues ni siquiera tienen una foto de él en su casa."

Un día, Glenda le preguntó a Brittany si ella entendía la palabra telepatía. —Sí abuela —le dijo la niña pequeña—, yo entiendo el significado mejor que tú. Yo estaba sorprendida, —dijo Glenda— pero le creí porque sé que esa palabra y estas cosas nunca han sido mencionadas en su casa.

"Mi hija y su esposo no creen en nada de eso. Y luego, durante una de nuestras preciosas conversaciones telefónicas, Brittany me dijo que yo iba a ir de compras el próximo sábado con tres o cuatro amigas. Yo sí tenía planeado ir de compras ese sábado, pero no había manera de que Brittany lo supiera. Ella vive lejos, en otro estado, y yo nunca le había dicho ni una palabra de eso a ella."

Otra cosa más —Glenda añadió al final de nuestra conversación—, Brittany también me dijo que ella era un ángel antes de que naciera. De hecho me dijo que una vez ella fue mi ángel, ¡un ángel que se suponía estaba para ayudarme! Brittany dijo que los ángeles que ella conoció trabajaban en grupos. En su grupo, habían setenta ángeles adultos y otra niña pequeña de su edad, setenta y dos ángeles en total.

Después de escuchar a Glenda contar su historia, me di cuenta de que Brittany podía ser una niña de la nueva generación de niños que ahora han nacido, "los niños de cristal". Estos niños son poderosos y amorosos y están aquí para ayudarnos a todos nosotros, curan y envuelven espiritualmente. Ellos son extremadamente sensibles y tienen regalos espirituales innatos, especialmente habilidades telepáticas.

Brittany, tú puedes caminar siempre con los ángeles y ayudarnos a hacer lo mismo. Y que Dios te ayude, Glenda, para ser fuerte y para cumplir tus más profundos deseos espirituales. Cuando veas que una vida termina, rápidamente, pídele a su espíritu que se vaya hacia la luz o pide la ayuda de los ángeles, o de Dios, para que guíen a esa persona a la luz, al amor y a la felicidad eterna.

## Capítulo 15

# La misión de amor

Siguiendo las enseñanzas de los ángeles, yo estaba aprendiendo más sobre mí mismo, de lo que me hubiera podido imaginar. Claro, no hay forma de probar que la información que viene a mí o la que le viene a cualquiera de nosotros, a través de las regresiones de vidas pasadas es totalmente exacta, todavía no. Mucho más importante es lo que nosotros *hacemos* con la información que recibimos. ¿Estamos usando lo que nos es revelado como trampolín para crecer más y para amar más? En la larga historia de nuestras almas, nosotros tenemos todo, en un momento o en otro, estando entre los indigentes y los príncipes, la gente simple y la gente brillante. No es importante saber *quiénes fuimos*, sino lo que nosotros estamos aprendiendo a ser. Aprender acerca de mis vidas pasadas, me estaba ayudando a entender más sobre el viaje arquetípico de cada alma y las lecciones que todos nosotros hemos venido a aprender.

Las regresiones me estaban manteniendo inspirado con acontecimientos que me comunicaban el amor que hay en nosotros y alrededor de nosotros, y ellos me afirmaron lo que aprendí en mi sueño, ése que me permitió la increíble mirada al cielo. Todas las regresiones que experimenté, especialmente las que fueron con Judy, me ayudaron a recordar quién soy y me pusieron en un maravilloso camino que me conduce de nuevo a mí. Ahora me siento contento con ser quien soy, y me amo. Lo que he visto y sentido en mis regresiones, especialmente la segunda vez con Judy, llegó a desafiar algunos conceptos erróneos populares sobre lo que sucedió hace siglos y milenios.

Hasta ahora, mi sesión con Judy afirmó mi conexión con Hawái. Mientras continuamos, recibí otra afirmación. Unos cuantos años atrás, en una lectura de ángeles, recibí una llamada telefónica, una mujer de Oregon me dijo que una poderosa fuerza espiritual de un hombre estaba conmigo. Continuó diciendo que era Lázaro, el querido amigo de Jesús. Ella dijo que Lázaro era mi "guía espiritual", que él había sido mi padre en otra vida y que él estaba conmigo para guiarme hacia la verdad. Mi regresión de vidas pasadas con Judy no sólo confirmaron su mensaje, sino que también se desarrolló una historia mucho más grande.

—Muy bien, ahora de nuevo, —me oí decir en voz alta en un tono infantil, Judy me ayudó a trasladarme a otro tiempo y lugar—. Ahora estoy en un lugar con personas, edificios, grandes aves y otros animales, es bueno. No sé de ninguna mamá en mi casa. Mis hermanas mayores, eran madres para mí. Mi padre está enfermo. Yo soy un niño pequeño, tal vez de tres años de edad. Tengo hermanas que son mucho mayores que yo. Hay un sentimiento de luz alrededor de nuestra casa y en nuestros corazones, una luz de amor, como la presencia de Yeshua, aunque Dios está cerca. Yo juego ahí. Yeshua está cerca. Él habla con mi padre y bromea con mis hermanas cuando viene.

—Describe qué es lo que ves y escuchas, —dijo Judy.

—Animales, burros, borregos, hay gallinas cerca, —le respondí—. Los hombres con palos largos están empujando a las ovejas, y hay burros en un corral, debajo de nuestra casa. Ellos hacen ruidos raros. Tenemos pollos, pero me dan miedo los gallos. Ellos me persiguen y yo lloro. Nuestra familia tiene muchas visitas y nosotros disfrutamos tenerlos aquí y escuchar sus historias. Mi comida es pan y sopa. El pan es redondo, oscuro y duro para que yo lo mastique. Me parece gracioso. La sopa sabe buena cuando tiene comida de nuestro jardín. Hay mucha tierra con pocos árboles. Montones de rocas. Yo juego con las rocas, las pongo en línea, formándolas en el patio. A veces, les trato de dar hierbas a los burros cuando están cerca de nuestra casa.

—¿Cuáles son los nombres de esas personas cercanas?

—Sara, ella es agradable. Marwee (María), Roof Zackual, Zeke, Zake. Soy demasiado joven para pronunciar palabras o nombres correctamente.

—Habla como un adulto y cuéntame de los momentos en que Jesús los visita —Judy me alentó.

—Tú dijiste "Jesús", pero su nombre era Yeshua, —le dije—. Él viene a visitarnos seguido. Yo recuerdo que le llamaron "la Luz". Cuando él habló con mi padre y el resto de la familia, era una fuerza de alegría para los que estábamos a su alrededor. Era una feliz y tranquila paz la que invadía todo nuestro hogar.

"Jugué en su rodilla, alrededor y debajo de la silla en la que se sentó. Me trepé en él y me cargó, levantándome hacia arriba, al cielo y luego hacia abajo. Recuerdo su amplia sonrisa y su toque cálido. Era tan cariñoso, tan vivo. Casi podía sentir la energía dentro de él. Sus brazos y manos estaban tibias, casi calientes. Ser tocado por él se sentía como un abrazo. Era un hombre joven, con la piel color oliva, como la mía, sólo que más clara y tenía cabello color café, ondulado hasta los hombros y una suave y corta barba puntiaguda.

"Las conversaciones de 'la Luz' eran de sus viajes, fue a navegar lejos con su tío José, dos de los hijos de José y otros primos, ellos han visitado muchos países y conocido a gente con muchas diferencias y de diferentes idiomas. Contó de cuando navegaron una larga distancia en el agitado mar, hacia las islas del Encanto y también que caminaron y montaron camellos en los desiertos lejanos cuando era más joven.

"La Luz era muy animada y contaba muchas historias. Nos visitó con más frecuencia cuando yo era un niño pequeño. La última visita fue en una época traumática en el hogar. Mi padre había estado enfermo durante bastante tiempo. La familia estaba llena de tristeza y la mente de los adultos tenía mucha agitación. Había muchos visitantes en la casa, y les dijeron que mi padre estaba en coma. Finalmente, su respiración se detuvo. Yo no entendí eso. Mis hermanas mayores estaban llorando y eso me inquietó, lo que me hizo sollozar desconsolado.

"Luz llegó, seguido por muchas, muchas personas, que se quedaron afuera de nuestra casa cuando él entró. Su cara no era la cara feliz a la que yo estaba acostumbrado, y su estado de ánimo era solemne. No había risas en este momento. Se fue con María, mi hermana mayor (María Magdalena), a la habitación donde mi padre había estado durmiendo durante días. Cuando ellos reaparecieron, mi padre los siguió fuera de la habitación. Hubo mucha conmoción y Yeshua salió de la casa con María a su lado.

—Avanza diez años, o a un tiempo que puedas recordar y dime cuántos años tienes, —dijo Judy.

—Yo tengo quince años. Mi padre, Lázaro, murió hace años. Cuando Yeshua se fue, después de la curación de mi padre, mi hermana mayor favorita, María, la que pasó más tiempo conmigo, y que me cuidó y jugaba conmigo, se fue con él. Partió con un grupo de hombres y mujeres para contarles a los demás, en los pueblos vecinos y en los lugares lejanos acerca de Yeshua. María volvió después de largos meses de viaje. Ella era una persona diferente.

"Ya no era feliz, estaba enfadada con los hombres. Se sentía traicionada por ellos y por el hermano de Yeshua, James, que estaba en el grupo. James había cambiado las enseñanzas que Yeshua proclamó como verdades. Yeshua había enseñado a las mujeres al igual que a los hombres y superiores en formas que los hombres no podían ser. A James no le gustaba eso, y él y otro líder de su grupo alentaron a los otros para librarse del resto de las mujeres del grupo. María comenzó la tarea de escribir. No recuerdo todo lo que ella escribió, pero nunca dejó de escribir. Escribió durante el día y hasta bien entrada la noche, de lo que Jesús le había enseñado. Rara vez volvió a sonreír.

"Ahora estoy con otros. Algunos son de mi edad y otros son más grandes. Hemos tenido que salir de nuestras casas y caminar; me siento enojado y confundido. Los ejércitos extranjeros han sido agresivos hacia algunos de mi pueblo y es por eso que nos estamos moviendo.

"Yeshua, 'la Luz', fue ejecutado poco después de haber despertado a mi padre. Algunos dijeron que era la voluntad de los sacerdotes y los ancianos de nuestro pueblo, sin embargo, no tenemos pena de muerte. Yeshua no podía ser tan perjudicial como para justificar tan cruel destino.

"Mi grupo está formado de primos, un amigo mío que vive cerca de mi casa y dos jóvenes primas lejanas de Yeshua. Estamos seguros de que fueron los extranjeros los que engañaron a algunas personas para que creyeran que él era un criminal, por enseñar nuestras creencias de una manera más abierta a la que permiten los ancianos y sacerdotes, y que es excesivamente severa. Pero aun entonces, ¡nosotros no nos hubiéramos dado nuestra propia muerte!"

"Es muy extraño y estoy enojado por eso. Nosotros las personas judías, estamos divididas en pensamiento. Me rehúso a aprender y no quiero aprender las viejas enseñanzas. Yeshua enseñó a muchas personas diferentes en el mundo y dijo que también ellos deben conocer a Dios. Nuestros sacerdotes y los ancianos dicen, 'Nuestro camino es el único camino para el reino de Dios, dejen que ellos encuentren a su propio Dios.' Ellos ridiculizan a los que no son judíos, los Gentiles, por la forma en que adoran las cosas, incluyendo a los árboles. Me voy con otros que conocieron a Yeshua y que siguieron su pensamiento. La comida es difícil de conseguir. Nos vamos a otro lugar de aprendizaje. Llegamos a un grupo de personas de nuestra fe e idioma. Nosotros los escuchamos y hablamos nuestra verdad.

"Nosotros caminamos grandes distancias, con animales de carga y llevamos tanta comida como nos fue posible, con agua y a veces vino. Me gusta la sensación del vino, el sabor en la boca, corriendo por encima de mi lengua. Aun no salimos de nuestro país. Vemos gente que habla de manera extraña y que reza en círculos, con la cabeza pegada al suelo. Ellos no son de nuestra fe, ni de nuestra gente. Hablamos de una nueva forma, el camino de las enseñanzas de Yeshua. La gente nos escucha cuando hablamos con palabras de amor por nuestra fe, así como ellos de las suyas. Sin embargo, nuestra enseñanza es diferente, porque nosotros enseñamos lo que Yeshua enseñó: 'Permite que nuestro Dios Padre-Madre y el modo de vida sea universal para todos los que viven en nuestra tierra y que puedan sentir el calor, la luz y el amor. Hacerla incluyente no exclusiva'.

"Algunos de los mayores de mi grupo recuerdan a Yeshua hablando de una crianza, de una forma de amar a Dios. Nunca habló de un Dios que tuviera rencor o que uno fuera mejor o peor que otro. Yeshua, llamado Dios, "Dios Padre-Madre" dijo que Dios conoce ambos caminos, el camino de la mujer, así como el camino del hombre. Para conocer a los dos nos permite estar con Él para siempre.

"La gente vive un tiempo difícil, incluso con cambios de menor importancia o con un nuevo pensamiento. A medida que viajamos, vemos a tantas personas que no son como nosotros. No se parecen a nosotros, no hablan como nosotros o no son de culto de nosotros. Se ven como ovejas perdidas y, como Yeshua lo dijo: 'Dios también está con ellos. Necesitan conocer a Dios, tanto como nosotros necesitamos conocerlo'. Dijo que son nuestros hermanos y hermanas, sin embargo, aún es difícil para nosotros entenderlo.

"La mayoría de los soldados extranjeros (Romanos), no conocen nuestro idioma. Nosotros podemos pertenecerles ahora, pero en el tiempo que conocemos sabemos que nuestra tierra una vez más nos pertenece. Hacemos chistes sobre ellos al pasar por ahí, y luego tratamos de contener la risa hasta que estamos a una distancia segura. Los soldados no nos perjudican. Nosotros no portamos armas. Ellos no interfieren con nosotros, a menos que los provoquemos, o que estén borrachos. Entonces tal vez... "

—¿Algo más acerca de Jesús? —preguntó Judy.

—No recuerdo mucho sus enseñanzas específicas porque yo era muy joven cuando él estaba alrededor, pero los de mi familia dicen que hablaba del amor, como si fuera un aparato de curación. Yo definitivamente sentía su presencia. Los que estuvieron con él nos dijeron también de sus enseñanzas. Nunca pude olvidar su gran mensaje. Él dijo: *El amor es realmente lo que Dios quiere que sea la vida. Amor incondicional es una conexión con Dios, un amor verdadero, como un arco iris, el comienzo y el fin, el Alfa y el Omega.* Yeshua habló de Moisés y dijo que había estado aquí más de una vez. Existe una gran confusión acerca de esto entre los ancianos.

"Aunque ahora soy viejo, me voy con mi grupo para ayudar a otros, a que conozcan las enseñanzas de Yeshua Ben-Joseph. Me estoy debilitando y no puedo continuar. Estoy tirado en el suelo del desierto. Tengo una visión de mi hermana mayor, que viene por mí, aunque ella murió hace años. Es extraño para mí. Ella está brillando y alcanza mi mano, yo me levanto, recordando las palabras de Yeshua: *Observa cuidadosamente las palabras que causan dolor y que causan división. Si no las utilizamos, no pueden hacer daño, ni causar confusión. Si las usamos, pensamos en ellas en voz alta, respiramos daño en la vida, y esto causa mucha destrucción. Elimina esos pensamientos de tu corazón y las palabras de tu memoria y ellas no estarán. Elimina el pensamiento inútil y habrá paz y corazones llenos de amor, por eso el corazón es donde reside Dios.* Yeshua también nos enseñó: *Dios vivió por todos nosotros, como yo he vivido por ti.*

—¿A dónde vas ahora?" preguntó Judy

—A la luz, en la luz. Moviéndome rápido, de regreso a las Islas, yo pienso en el tiempo cuando todo esto empezó: arcoíris, playas, serenidad, felicidad llena de paz, simpatía, y una sensación de estar en casa. Veo a un hombre de gran dignidad y poder. La gente mira y escucha. Él es un hombre grande, con piel morena y una persona con mucha autoridad, sin embargo, es humilde. Da el conocimiento a los que acuden a él para tener una nueva percepción.

—¿Quieres continuar?

—Estoy cansando.

—Te traeré de vuelta ahora.

Después de la regresión de vidas pasadas con Judy, gasté mucha de mis fuerzas. La complejidad de las lecturas, sin embargo, trajo una sensación de felicidad inmensa. Un profundo sentimiento de serenidad me invadió. Me sentí auténtico, puro, si tú quieres, y esa noche dormí como un bebé.

## La curación del toque del arcángel Miguel

Karina se estaba quedando con una muy cercana amiga en Mesa, Arizona, quien la llevó a "Alas de Ángel". Ellas vinieron a buscar ángeles y, en particular, un retrato de Miguel, el arcángel. Karina también estaba buscando algunas respuestas. Quería hablar acerca de una experiencia que había tenido, una de la que no pudo hablar con su familia. Como su amiga, Karina tenía veinticinco años. Tenía el pelo negro como el carbón y hermosos ojos oscuros. Ella hablaba español, pero con la ayuda de su amiga, hizo lo posible para contarme su historia.

Apenas unos días antes, ella había estado orando por su sobrino de siete años, Christopher, quien estaba acostado en una cama de hospital en estado de coma. Christopher y su tía habían tenido un accidente de auto. El niño pequeño se había pegado en su cabeza muy duro, y ahora con el cerebro hinchado, estaba en estado de coma. Los médicos le dijeron a la familia que podría tener muchos obstáculos que superar a consecuencia de la lesión. Entonces, ella se sentó junto al padre de Christopher, en la habitación del hospital, cerró los ojos e inclinó la cabeza, orando por su sobrino, su bienestar y su recuperación.

Karina terminó sus oraciones, abrió sus ojos y volteó a mirar a Christopher desconcertada y con incredulidad por lo que estaba viendo. Directamente sobre Christopher, con una mano en su cara y otra en la cabeza, estaba un ángel hermoso. Él medía más de dos metros de alto, con el cabello suelto, dorado y una cara brillante de color cobrizo que le daba una apariencia fuerte, pero tranquila. Ella dijo que el ángel parecía como si lo estuviera curando, que llevaba una túnica de color azul brillante, con un poco de dorado, que acababa justo encima de las rodillas y unas sandalias con cordones alrededor de sus músculos de la pantorrilla. Un aura de color azul cobalto brillaba en todo el ángel y fue adornado con alas de plata brillante.

Karina volteó hacia el padre de Christopher para despertarlo y que pudiera ver lo que estaba viendo, pero él dormía, la cabeza inclinada y su barba descansaba en el pecho. Sus codazos no lo despertaron. Karina volvió su atención a su sobrino. El ángel todavía estaba allí. Ella vio cómo el ángel, sonriendo y mirando a Christopher, con los brazos extendidos hacia la cabeza del niño, flotaba hacia arriba y luego a través del techo. Después desapareció. Aturdida, Karina no quería decir nada sobre lo que había visto, ni al padre de Christopher, ni a ninguna otra persona.

Al día siguiente, después del trabajo, Karina regresó al hospital. Una vez más, se encontró en el cuarto con el papá del niño y ella cerró los ojos e inclinó la cabeza para orar. Al término de sus oraciones, levantó la cabeza y abrió los ojos. Esta vez, ella vio lo que describió como dos ángeles que rodeaban a Christopher, pero, para su sorpresa, no tenían alas.

Uno de esos "ángeles", el que estaba directamente sobre Christopher, era más bien pequeño. Karina hizo una pausa en su relato de la historia. "He recibido un sentimiento intuitivo acerca de quién era". Le dije que era el abuelo de Christopher, que ya había muerto. Ella pensó eso por un tiempo, y luego asintió con la cabeza, y dijo que recordaba que su abuelo había muerto en los últimos años y el espíritu encima de la cabeza del niño se ajustaba al de su abuelo a la perfección.

—Pero ¿quién era ese otro pequeño hombre gracioso que estaba con él? —preguntó. Ella describió al segundo ser como de sólo un metro de alto y dijo que usaba un vestido blanco resplandeciente, dorado alrededor del cuello, con mangas. Su rostro tenía la forma de un óvalo, era calvo y tenía una barba en forma de cono largo blanco, como de seis pulgadas de largo y se acariciaba cuando se reía, lo que hizo, a menudo. Karina rió cuando se acordaba de él. Era tan travieso y hacia que tuvieran luz las cosas que estaban alrededor de él.

—A lo mejor ésa era exactamente la intención de ese hombre, —dije sonriendo—. Algunas veces nosotros tomamos las cosas tan en serio, aunque la situación esté fuera de nuestras manos. Simplemente olvidamos darle nuestra preocupación al Señor y dejar que el reino de Dios la tome. Las acciones del pequeño hombre pudieron ser simplemente un recordatorio para ti de que dejaras ir la situación y dejaras que Dios la resolviera. Lo que sea o quien sea que él fuera, tómalo como un regalo especial para ti de Dios. Karina continuó para decir que ambas figuras estaban sobre su sobrino, sosteniendo la cabeza con sus manos de una forma reconfortante, curativa, como lo había hecho el arcángel. Se volteó hacia el padre de su sobrino, pero otra vez se quedó dormido. Miró de nuevo a los seres que estaban sobre la cabeza de Christopher y, así como lo hizo el ángel radiante que estaba el día anterior, ellos flotaron hasta el techo y suavemente desaparecieron.

Karina y su amiga vinieron a "Alas de Ángel" con la esperanza de entender y afirmar esas visiones recientes y de saber quiénes eran esos pequeños "ángeles". La descripción del primer ángel azul, sonaba como el arcángel Miguel, así que saqué el reciente libro de la Dra. Virtue *Ángeles y maestros ascendidos* y le leí la descripción de Miguel. Al escuchar cómo es Miguel y los colores asociados con él, la mano de Karina llego a la boca y se quedó sin aliento. "¡Ése es el que yo pensé que era!"

Con su nuevo conocimiento de Miguel y su curiosidad por las otras dos figuras ya satisfechas, Karina estaba más en paz con los acontecimientos que habían sucedido en su corta vida, en los días anteriores. Nunca la vi de nuevo y no sé lo que le sucedió a su pequeño sobrino, pero con ángeles y amigos como esos, sé que debe estar en buenas manos.

## Capítulo 16

# Disfrutando el paseo

Todo es culpa de Pamela, ya sabes. Pamela es la que me hizo pensar en los ángeles. Ella empezó coleccionando Santa Clauses de todo tipo. Durante un tiempo ella quería obtener una Santa de todos los rincones del mundo. Estuvo muy cerca. Por alguna razón desconocida, cambió su atención a coleccionar ángeles, adornos de ángeles, estatuas de ángeles, figuras de ángeles.

Luego le compré a Pamela un libro sobre los ángeles, de regalo de cumpleaños, que terminé de leer yo primero, y que llegó justo en el momento adecuado. Después de leer ese libro, y luego los otros libros de ángeles que vorazmente me devoré, me preguntaba por qué en la religión que me habían bautizado cuando era un niño, rara vez hablaban de los ángeles. Aunque, está establecido en la religión, pocas veces se discute sobre los ángeles, se habla de nosotros, los devotos, como seres humildes, de los pecados que cometemos y de lo difícil que es llegar a las puertas del cielo. Me habían dicho los sacerdotes que la Biblia menciona sólo siete ángeles, pero a través de un esfuerzo consciente por saber más, descubrí que hay muchos de ellos. De hecho, hay grupos de ángeles que mantienen distintas posiciones y se prestan a diversas tareas. Todos ellos son un producto del amor de Dios que siempre responde a nuestras preguntas.

Entre todas las preguntas que empecé a hacerles a los ángeles estaban: por qué la religión parece ser tan complicada, por qué con frecuencia hieren a los que quieren saber más acerca de ella. Claro, uno de los corderos sacrificados en los que yo estaba pensando era el grupo de estudiantes del llamado Sagrado Seminario de la clase 1995 en Madison, Wisconsin. Estaba pensando en el obispo que llamó a mi hijo y a su clase, una vergüenza para la Iglesia Católica. No culpo al catolicismo o a ninguna otra religión por incidentes como este, que parecen condenar a aquellos que están más dedicados al Espíritu. Ha sucedido en todas las generaciones de la religión organizada. Ahora veo que, en cierto modo, esta dolorosa situación fue el comienzo de mi viaje. Sin ella, no estaría donde estoy hoy, porque si es el viaje espiritual que anhelamos, entonces, nuestro viaje por la vida, con todas sus alegrías y con todos sus obstáculos, se convierte en alimento para el alma.

Con los ángeles en escena, mi enojo y confusión sobre lo que estaba viendo a mi alrededor se convirtió en una inmensa curiosidad. Buscar la verdad se convirtió en el único de todos mis objetivos. Me sentía como si estuviera parado sobre la línea de una yarda, con una bola escondida bajo el brazo y la verdad estaba muy lejos, del otro extremo del campo de futbol de 100 yardas. La zona de anotación era alcanzable, pero el terreno estaba lleno de uniformados; los obstáculos eran personas situadas entre la meta y yo. Tuve que enfrentar y eludir a cada uno de ellos, mientras corría en zigzag por todo el campo hacia la meta. Lo curioso, sin embargo, es que cuando miro hacia atrás, los obstáculos que estaban enfrente de mí, tratando de alejarme del camino del lugar sagrado, más allá de la meta, se parecían mucho a mí.

Los ángeles se convirtieron en mis mejores amigos. Ellos me abrieron los ojos a nuevas maneras de ver la vida, mi vida en particular y la meta. Fueron los ángeles los que me pusieron en el camino espiritual, que ha sido más bien, un viaje maravilloso a través de un cielo fresco y estrellado, en un territorio hasta entonces desconocido. El viaje ha tenido curvas cerradas y altibajos que se convirtieron en picos y valles. Pero yo no lo cambiaría por nada del mundo.

Los ángeles siempre nos señalan la dirección correcta, aún cuando nosotros no creemos que ellos estén aquí. Me di cuenta de que fueron esos pequeños ángeles latosos, los que me habían estado empujando todo el tiempo. En primer lugar, ellos fueron los que me guiaron a encontrar ese libro de ángeles. El ángel de Pamela fue el que me despertó un lunes en la mañana, en respuesta a su pequeña oración. Fueron los ángeles los que nos trajeron a la casa en 'Crossroads Drive' y a la tienda de ángeles que un día sería nuestra. Los seres con alas también me llevaron al Curso Profesional de Terapia de Ángel de la Dra. Virtue y a las regresiones de vidas pasadas, que me afirmaron las enseñanzas de Jesús sobre el amor universal, amor incondicional y me introdujeron en el arco iris de los niños, el lugar que hoy llamamos de Hawái, un lugar donde interactúan y juegan el pasado, presente y futuro.

Los ángeles me ayudaron a perforar el velo entre el cielo y la tierra, permitiéndome voltear al cielo, sin necesidad de pasar por una experiencia cercana a la muerte. A través de mis lecturas de ángeles, me presentaron a los Maestros Ascendidos, como Kuan Yin, Buda, Krishna y otros, así como guías espirituales. Creo que fueron los ángeles los que me presentaron esos sueños que fueron tan importantes, empezando con la increíble mirada al cielo y luego las visiones de la gente que pronto conocería. La emoción, el amor y la compasión que encontré en mi primer sueño, cuando estaba en la presencia de mi maestro, Eddy, asistiendo a una educación superior, a un reino superior, al reino de Dios, me dan ganas de cerrar los ojos y respirar profundamente. Esto me hace añorar el amor desbordante que sentí en ese lugar que llamamos cielo.

Lecciones aprendidas de Edythe Carroll como su transición de la gran sala de baile en el cielo, tocó mi alma y me mantuvo alerta a nuevos principios de mi propio camino espiritual hacia la libertad. Fue a través de Edythe que mi amiga Lucille entró en mi vida, aunque sea brevemente. Su hermoso espíritu, amoroso y gracioso, todavía me hacen parar y sonreír en su nombre. La dama de color lavanda, que apareció en mi sueño, la mañana en que Pamela y yo volamos a Hawái, en busca de un lugar para abrir una tienda, era una señal de lo que vendría. Verla a ella, en un pequeño patio afuera de la avenida principal, en Maui, donde inesperadamente nos dijo que también cree en los ángeles. Era una profecía de que algún día abriríamos nuestra propia tienda de ángeles en el patio de una avenida principal.

Los ángeles guiaron mis lecturas de ángeles y ellos guiaron a las personas que vinieron por ayuda, seguridad y confianza. Ellos también fueron los que me guiaron a trabajar en el hospital. Los pequeños milagros de todos los que llegaron a través de las experiencias en el hospital, rápidamente se convirtieron en eventos que cambiaron mi vida y que me abrieron los ojos al poder del espíritu. Las cuestiones de *¿por qué yo?* finalmente se volvieron afirmaciones de humilde gratitud: *¡Gracias, Señor, por permitir que llegaran a mi camino esas visiones y milagros!*

Los milagros no son menos, y no menos frecuentes en "Alas de Ángel". Sólo soy un extraño para aquellos que se detienen en la tienda y que comparten sus secretos, celosamente guardados, de encuentros espirituales. He llegado a saber sobre arcángeles y ángeles de la guarda, no sólo a través de los libros y lecturas de ángeles, sino también a través de las historias de estos visitantes, algunas de las cuales he compartido en este libro.

Los ángeles también me ayudaron a sentir un mayor amor y profundo respeto por un ser que a veces no reconocemos en nuestras tradiciones y cultura occidentales: la mujer. Desde el momento en que nacemos, somos empujados a un nuevo comienzo, lejos de la cálida crianza y del vientre amoroso de nuestra madre. Así comenzamos un largo viaje, fuera de sus confines amorosos, y nos exponemos al mundo exterior. Sin embargo, cuando nos encontramos en busca de alimento para sostenernos, siempre lo encontramos en el seno de la persona que nos trajo a la vida.

¿Quién es esa persona que cuida de nosotros, atiende nuestras necesidades, nos protege del entorno externo y nos da amor incondicional? La mujer. ¿Cómo es que la humanidad existe y cómo llegamos a este planeta?, a través de la mujer. Mi viaje me ha demostrado que antes de que Dios se convirtiera en un "él", en las Escrituras y las tradiciones que fueron entregadas a nosotros, Dios era masculino y femenino. El Gran Espíritu era conocido como el Dios Padre-Madre. ¿Qué es el Dios Padre-Madre? El todo, completo, universal, el amor incondicional. Tenemos mucho que aprender de la mujer. Tenemos mucho que aprender de Dios y de escuchar a los ángeles.

En la bendita presencia de un momento fugaz en el tiempo donde no hay pensamiento, hay silencio. Ahí es donde encontramos a Dios, el Espíritu y la espiritualidad. Con el ritmo cada vez mayor de nuestras vidas, es más importante que nunca, tener tiempo para contemplar el silencio, para escuchar la voz de Dios, de sentir la presencia de los ángeles, de ascender a nuestro "Yo Superior" para distanciarnos del "Yo Inferior", del ego. El ego no quiere que tú cambies. No quiere la tranquila soledad o la serenidad pacífica. El ego quiere un *estatus quo*. No quiere que muevas tu vida hacia adelante. El ego no se siente cómodo sin caos, sin altas y bajas, sin la ira y el resentimiento.

Desde que trabajo con los ángeles, me encuentro a mí mismo, pasando más y más tiempo con mi "Yo Superior" y menos tiempo con mi ego. Aunque el ego puede elevar su horrible cabeza de vez en cuando, ahora puedo verlo, sentirlo y oírlo rápidamente, y ahora puedo utilizar las herramientas que he aprendido, para ponerlo de nuevo hacia abajo y lejos de mi pensamiento. He aprendido a mirar más a mi "Yo Superior", para responder las grandes e importantes preguntas que tengo.

He aprendido que podemos ir más allá del ego, hacia lo desconocido, cuando dejamos de juzgar, cuando seguimos nuestro corazón y escuchamos a los ángeles. Y he aprendido que el viaje, no se trata de alcanzar los objetivos o ganar el juego. La palabra *ángel* significa literalmente *mensajero* y el mensaje de los ángeles es muy simple: *amor*. Eso es lo que Dios es y eso es de lo que se trata el viaje. Dios (nuestra fuente superior, nuestro conocimiento interior, o la terminología que prefieras), es el amor, el amor completo e incondicional, que no deja espacio para nada más, sin enojo, sin dolor, sin odio, ni juicio. Cuando un niño colorea un dibujo y se sale de las líneas, sus padres aman ese dibujo de todos modos y lo ponen en la puerta del refrigerador. Así es el amor de Dios. No importa que nos hayamos parado afuera de las fronteras o de las líneas, aún somos amados

En algún lugar a lo largo del camino, las enseñanzas sencillas de amor se han perdido. "No le hagas a los demás lo que no te gustaría que te hicieran", "ama a tu prójimo". Las enseñanzas básicas lo dicen todo, y sus raíces van mucho más atrás que hace sólo dos mil años. ¿Son demasiado simples o demasiado fáciles para tomarlas en serio?

Vivir en nuestro "Yo Superior" y dejar ir el ego únicamente depende de nosotros. Como dice una enseñanza Hopi: *Somos los que hemos estado esperando*. Podemos hacer de este mundo un lugar más amable y gentil, o podemos elegir que no sea así. Aunque hay mucho más oscuridad ahora, los ángeles nos enseñan una manera más amorosa para vivir y un mejor lugar para estar.

¿Dónde está ese lugar? Realmente, no tan lejos. Sólo detente, toma un *huna*, un respiro profundo (un respiro hawaiano), sonríe como lo haces y mira en tu interior. Esto te llevará rápidamente a un lugar de pacífica felicidad, el lugar donde Dios reside dentro de nosotros. Dios está en todas partes, pero el amor empieza con nosotros mismos. Cuando nosotros miramos dentro de nuestro interior, la búsqueda que nos ha llevado a un lugar lejos y extenso, llega a su final. Las respuestas que descubrimos están en nuestro corazón.

Cosas que una vez pensé que eran imposibles no son sólo posibles, sino que pasan todo el tiempo. Más y más personas me cuentan sobre fenómenos espirituales que están sucediendo en sus vidas. Las personas están hablando de sus experiencias más abiertamente, sin miedo, y los ángeles están diciendo. "¡Vamos, niña!", "buen chico, ¡dilo como es!, es hora de hablar y no tener miedo de gritar desde el techo: no estamos solos". "El mundo de los Espíritus no está en una galaxia distante". "El cielo no es un lugar". "Todo está a nuestro alrededor".

No sé si tú estás luchando contra dificultades debilitantes, alguna enfermedad terminal, traumas emocionales o los desafíos de cada día, recuerda que nunca estás solo, ni estás lejos del amor sanador de Dios. No tengas miedo de llamar a tu ángel de la guarda, arcángeles, Yeshua, María, Dios, o a quien percibas como deidad. Llámalos en cualquier momento. Ellos vendrán.

Toma la indicación de los ángeles y empieza a mirar en tu interior. Empieza con un simple paso. Camina hacia la librería más cercana y encuentra un libro espiritual que te inspire, que atrape tus ojos; o busca un taller o un seminario que llame tu atención. Ve a otro y a otro, hasta que elimines por completo tu ego y comiences a vivir en tu "Yo superior", con tu Dios interno, en armonía y en paz con tu alrededor. Después de todo, ¿no es eso lo que Dios quiere y no es por eso que Dios nos envía a sus ángeles como mensajeros? Así que ponte el cinturón de seguridad y siéntate a disfrutar el paseo. Abraza tu viaje interior espiritual con todo tu corazón y toda tu alma.

## Capítulo 17

# Oraciones del corazón

Las oraciones pueden hacer milagros, tanto para aquellos que lo necesitan, como para quienes las hacen en nombre de los demás. En "Alas de Ángel" hay un recipiente de porcelana blanco, sobre una mesa junto a la pared frontal, rodeado de pinturas de ángeles, especialmente para las oraciones. Junto al bol está un letrero que dice: *Todas las oraciones pedidas aquí, se rezarán las veinticuatro horas*. Todos los días, Pamela o yo, rezamos no sólo por las intenciones colocadas en el bol, sino también por los que escribieron las oraciones. Pedimos que el amor sanador de Dios toque a cada uno de los que interceden por un amigo o un ser querido.

En las siguientes páginas, he incluido algunas de las oraciones que adultos y niños de todas las edades y lugares, han puesto en nuestro bol, como una oración especial en sus corazones y en sus labios. Siéntete libre para añadir tus propios deseos del corazón para estas intenciones, repitiendo estas oraciones en nombre de aquellos que las necesitan o haciendo una oración similar, para alguien que tú conozcas que tenga la necesidad de la asistencia angelical o que necesite un milagro o dos.

También te invito a que consideres crear un lugar especial en tu casa para colocar un recipiente para tus propias oraciones. Escribe tus oraciones para los ángeles, tus preguntas y tus más profundos anhelos y colócalos en el recipiente. Los ángeles están siempre listos para escuchar, para actuar y para hacer milagros cuando menos los esperas. Ellos nunca mienten, ya que son una extensión del amor de Dios. Sólo escucha con tu corazón y escucharás sus respuestas.

*Yo rezo por la paz. Brianna*

*Mi nombre es Joanne. Me gustaría que mis ángeles me guiaran a hacer grandes pinturas que puedan ayudar a curar a la gente.*

*Que nosotros podamos pasar a la alegría y al amor que conocemos.*

*Solicito que me muestren claramente dónde tengo que vivir, para sentirme mucho más realizada, contenta, alegre y en paz. Ahora mismo, yo no lo sé, no sé ni cómo llegar ahí. Gracias.*

*Por favor, dame un día sin dolor. Anne*

*Ayúdenme en mi trabajo, mi jefe no me quiere.*

*Por favor, mantén seguro a Tim en Irak.*

*Por favor, ayúdenme a encontrar lo que estaba perdido y guíame a ella.* Charlotte

*Que algún día haya paz total dentro de nuestra familia y que yo pueda ser libre de la depresión.* ¡Gracias!

*Concédele la paz a Paula cuando muera. Por favor concédele la comprensión a Hanna para que pueda continuar.*

*Padre misericordioso, ruega por Brenda y la pérdida de su hijo, Lonny. Quédate con ella para aliviar su dolor y el sufrimiento y de todos los que están en duelo. Amén.*

*Por favor, vende mi casa en 10 días.*

*Por favor, Dios, deja que Diane, Deborah y mi papá estén todos juntos en el cielo.*

*Para Darryl y Rita, por la salud y la felicidad. Él tiene la enfermedad de Crohn y no se está tratando. Está destruyendo sus vidas.*

*Para mis hijos, Roger y Donny, que ellos encuentren sus ángeles.* Toni

*Ayuda a todos los animales del mundo.* Caroline

*Para que el implante del gen sea eficaz para la batalla contra la enfermedad de Alzheimer*

*Valor para hacer lo correcto...* Alicia

*A Josie le gustaría y desearía mucho encontrar un compañero de vida, lleno de amor y devoción. Amor para Dios y mis ángeles.*

*Por favor oren por mi hijo James, de 26 años. Se suicidó el pasado lunes. Dejó una breve nota diciendo que él le pidió a Dios que le perdonara sus pecados y que esperaba que todos lo perdonáramos también. Él fue amado, muy amado, gracioso, un hombre maravilloso, y ninguno de nosotros sabíamos que tenía un dolor tan profundo. Gracias.*

*Por un trasplante de riñón exitoso que le voy a donar a mi hermano. Ruega por nosotros.*

*Para Ashley, por la fuerza, confianza y todo lo que necesita para lograrlo este semestre. Dios bendiga a esta tienda, ¡tú eres especial!, para encontrarnos a nosotros mismos y el propósito en la vida. Para nuestros enemigos y aquellos cuyas vidas están llenas de odio, que el espíritu toque sus corazones.*

*Por favor ayúdame a jugar bien una ronda de golf el viernes y a estar en un equipo ganador. Gracias. Leanne*

*Rogel L., un veterinario, necesita muchas oraciones mentales, físicas y espirituales.*

*Ayúdame con el problema de alcohol. Janice*

*Nuestro bebe, Kimberly, tenía 9 meses y medio, murió el 14 de enero de éste año.*

*Reza por John, quien recientemente tuvo un trasplante de hígado.*

*Envuelve a los amigos y a la familia, en especial a Thomas, en una burbuja de ángel.*

*Para nuestro hijo y nuera sirviendo a nuestro país.*

*Para dejar mis pastillas. Shannon*

*Yo rezo para que todos los niños de nuestra escuela sean exitosos y que ellos se vean a sí mismos como triunfadores.*

*Un trabajo que sea espiritual y con apoyo financiero. Gracias. Jeannie*

*Quiero fuerza para liberarme.*

*Cura mi cáncer. Rachael*

*Por favor reza por la familia Marlie. Ellos perdieron a su hijo Lonny en un trágico accidente de auto la semana pasada. Dios te bendiga y gracias. Ardel*

*Ayúdame a sobreponerme de mi esposo, quien me dejó.*

*Reza para que Lucinda pueda dejar de fumar, con amor Lord. Amén*

*Por favor concédeme el milagro del dinero. Elory*

*Rezo por la salud integral. Mona*

*Por favor oren por:*
*Ben- que se abstengan del abuso de drogas y alcohol y que se acerque más a Dios.*
*Tracey- por ayuda mientras recibe su condena.*
*Kaaron- que tenga cura. Gracias.*

*Por favor oren por el matrimonio de Nicole y Michael. Ellos están luchando ahora mismo. Gracias*

*Querido Dios y ángeles, danos paz y armonía todos los días.*

*Para mi hija Julie, que es atea, también su esposo Rod y los niños han crecido sin Dios. Gracias y Dios te bendiga.*

*Reza por la paz para todas las personas.*

*Que mi biopsia sea benigna. A.C.*

*Yo rezo para que encuentre mi lugar en el mundo y un hombre que me trate bien.*

*Ayuda a que Luanne esté bien y ayuda a todos para que no estén tan tristes cuando ella muera.*

*Por favor reza y ve por mi hijo Norman. Él necesita un ángel especial. ¡Su mamá, su papá y hermanos lo aman mucho!*

*Pido que mi dolor disminuya y que la alegría que Barry trajo a mi vida sea reemplazada. Lucille*

*Para que yo tenga un hijo que esté sano y sobreviva esta vez. Gracias.*

*Yo rezo para que Larry encuentre la paz en la amistad de Jesús…. Y ¡se case conmigo!*

*Yo pido guía y dirección, ¿dónde debo vivir?, ¿qué debo hacer para ganar dinero? Yo estoy abierta y serviré al divino diseño de mi vida. Louise*

*Porque el corazón de Lori se abra a Dios.*

*Una oración para mi hija, Alisha Ann, para que ella no use drogas.*

*Bendice la salud de mi esposo Richard, el amor de mi vida.*

*Para encontrar la espiritualidad en nuestras vidas.*

*Gracias por toda la abundancia para mí en todos los aspectos de mi vida: personal, profesional, financiera, emocional y psicológica. Gracias. Lisa*

*Por favor permite que mi bebé esté sano cuando llegue.*

*Yo pido y rezo por la salud, bienestar y felicidad. Gracias por las oraciones contestadas.*

*Ronald tiene un tumor cancerígeno en su corazón y necesita paz mental, de cuerpo y espíritu.*

*Por favor ora por mi hijo y su novia de la Academia West Point. Bendición de Dios. Rhoda*

*Por favor reza el 27 de marzo fecha de la corte, la misericordia del juez y la voluntad de Dios.*

*Ayúdame y a mi esposa e hijo a estar estables. Gracias.*

*Que Mónica tenga una rápida recuperación de la quimioterapia por el cáncer de mama. Gracias.*

*Para la curación de nuestra familia, para la protección de nuestras tropas en Irak y en todo el mundo, para la paz entre las naciones.*

*Ora por mi madre, que ella encuentre la paz interior y que aprenda a amarse verdaderamente a sí misma. GW*

*Un buen viaje de regreso a Maryland el martes. Kathryn*

*Rezo para que todos en mi familia y todos mis amigos sean felices, sanos, prósperos y estén a salvo ahora y siempre. Gracias, Hillary*

*Espero que esta tienda vaya mucho más lejos con "Alas de Ángel". Dios está escuchando sus oraciones. Escúchalo a Él. Él te dirá el camino a seguir.*

## Oraciones de los niños

*Estimado Señor, te ruego que toda mi familia tenga una vida larga y todo el mundo tenga grandes sueños. Amén. Amor, Amy*

*Que consigamos dinero para irnos a Europa y cambiemos todas nuestras cosas y cúranos y abrázame.*

*Por favor, dile a mi abuela muerta que la amo y que la extraño mucho.*

*Por favor, que papá esté bien.*

*Queridos ángeles, deseo que la guerra termine pronto. Protege a todos nuestros soldados. Bendícelos. Bendice a toda mi familia y amigos. Con amor, Sara*

*Por favor, asegúrate de que toda mi familia esté protegida y saludable donde quiera que vayamos, y por favor perdóname por todos mis pecados. Gracias. Dios. Con amor, Patricia*

*Espero que mi abuela se mejore de su cáncer y que viva mucho tiempo. Chyenne*

*Por favor ayuda a que mi papá no se enferme.*

*Quiero un perro de granja.*

*Rezo para que mi familia esté sana y se quede tan linda como está.*

*Te amo, Brittany*

*Y, por último, sin ser tocado, como la perfección sólo puede ser:*

Yo Jazmín espero que Dios
y los ángeles protejan el mundo y
protejan a mi familia y amigos.
Dios bendiga al mundo.

Los nombres se han cambiado en estas oraciones.

## TÍTULOS DE ESTA COLECCIÓN

**Adivinación y magia del antiguo Egipto.** *E.L. Harris*
**Ángeles celtas.** *Donald McKinney*
**Ángeles. Cómo invocarlos y contactarlos.** *Mark T. Halen*
**Ángeles compañeros mágicos.** *Silver Raven Wolf*
**Ángeles protectores invisibles.** *C.W. Leadbeater*
**Cambios de la Tierra. Destino del hombre.** *M. Pogacnik*
**Canción de Arturo.** *John Matthews*
**Cosmología egipcia.** *Moustafa Gadalla*
**El camino de la virtud.** *James Vollbracht*
**El camino místico y la búsqueda del rey Arturo.** *D. Bryce*
**El Kybalión. Tres Iniciados**
**El libro completo de las pirámides.** *Moustafa Gadalla*
**El libro de los sacramentos.** *E.J. Gold*
**El poder de los lugares.** *James A. Swan*
**El retrato del maestro.** *James F. Twyman*
**El secreto del discípulo amado.** *James F. Twyman*
**El sendero de los ángeles.** *Isabelle Padovani*
**En busca de Quetzalcóatl.** *Pierre Honoré*
**En la compañía de los ángeles.** *David Lawson*
**Encuentros con la virgen.** *Adela Amado*
**Evangelio de Quetzalcóatl.** *Frank Díaz*
**Jesús. El maestro constructor.** *Gordon Strachan*
**La enseñanza oculta de Jesús.** *Ramiro A. Calle*
**La experiencia del ángel.** *Marie-Pascale R'emy*
**La sagrada magia de los ángeles.** *David Goddard*
**La torre de la alquimia.** *David Goddard*
**Las verdaderas enseñanzas y parábolas de Buda.** *R.A. Calle*
**Los ángeles.** *Nadine y Daniel Briez*
**Los ángeles nunca mienten.** *G. A. Van Slyke*
**Los ángeles sí existen.** *Louis Gerard Boleaux*
**Los evangelios. Claves e Interpretación.** *R.A. Calle*
**Los grandes iniciados.** *Eduardo Schure*
**Los grandes maestros de la sabiduría.** *J.G. Bennett*
**Más allá de la muerte.** *David Hyatt*
**Mitos y mitología.** *Andrew T. Cummings*
**Muchos caminos una verdad.** *Carole Addlestone*
**Nuestros compañeros espirituales.** *Adam Bittleston*
**Oración de paz.** *James F. Twyman*
**Primeros auxilios angelicales. Remedios para el éxito**
**Primeros auxilios angelicales. Remedios para obtener milagros**
**Tiernas historias de los Beanie Babies.** *Pam Knapp*
**Todo acerca de la reencarnación.** *Robert Parish*
**Todo empieza con una oración.** *Madre Teresa de Calcuta*
**Tut-Ankh-Amen. La imagen viviente del Señor.** *Gadalla*
**Vida entre vidas.** *Michael Newton*

Impreso en los talleres de
MUJICA IMPRESOR, S.A. de C.V.
Calle camelia No. 4, Col. El Manto,
Deleg. Iztapalapa, México, D.F.
Tel: 5686-3101.